essentials

essentials liefern aktuelles Wissen in konzentrierter Form. Die Essenz dessen, worauf es als „State-of-the-Art" in der gegenwärtigen Fachdiskussion oder in der Praxis ankommt. *essentials* informieren schnell, unkompliziert und verständlich

- als Einführung in ein aktuelles Thema aus Ihrem Fachgebiet
- als Einstieg in ein für Sie noch unbekanntes Themenfeld
- als Einblick, um zum Thema mitreden zu können

Die Bücher in elektronischer und gedruckter Form bringen das Expertenwissen von Springer-Fachautoren kompakt zur Darstellung. Sie sind besonders für die Nutzung als eBook auf Tablet-PCs, eBook-Readern und Smartphones geeignet. *essentials:* Wissensbausteine aus den Wirtschafts-, Sozial- und Geisteswissenschaften, aus Technik und Naturwissenschaften sowie aus Medizin, Psychologie und Gesundheitsberufen. Von renommierten Autoren aller Springer-Verlagsmarken.

Weitere Bände in der Reihe http://www.springer.com/series/13088

Anna Izzo-Wagner · Lea Maria Siering

Kryptowährungen und geldwäscherechtliche Regulierung

Dr. Anna Izzo-Wagner
Annerton Rechtsanwaltsgesellschaft mbh
Frankfurt, Deutschland

Dr. Lea Maria Siering
FinLeap GmbH
Berlin, Deutschland

ISSN 2197-6708
ISSN 2197-6716 (electronic)
essentials
ISBN 978-3-658-29980-4
ISBN 978-3-658-29981-1 (eBook)
https://doi.org/10.1007/978-3-658-29981-1

Die Deutsche Nationalbibliothek verzeichnet diese Publikation in der Deutschen Nationalbibliografie; detaillierte bibliografische Daten sind im Internet über http://dnb.d-nb.de abrufbar.

Planung/Lektorat: Anna Pietras
Springer Gabler ist ein Imprint der eingetragenen Gesellschaft Springer Fachmedien Wiesbaden GmbH und ist ein Teil von Springer Nature.
Die Anschrift der Gesellschaft ist: Abraham-Lincoln-Str. 46, 65189 Wiesbaden, Germany

Was Sie in diesem *essential* finden können

- Entwicklung von neuen virtuellen Währungen, insbesondere den Kryptowährungen
- Umsetzung der Änderungsrichtlinie zur 4. EU-Geldwäscherichtlinie (sog. „5. Geldwäscherichtlinie")
- Definition und Regulierung von Kryptowährungen und Kryptodienstleistungen
- Überblick über die bisherige Entwicklung und die aktuellen rechtlichen Rahmenbedingungen von Kryptowährungen und Kryptodienstleistungen
- Ausblick auf die Auswirkungen und Folgen, die mit dem Änderungsgesetz auf den deutschen Kryptobereich zu erwarten sind

Inhaltsverzeichnis

Einleitung 1

Im Zuge der voranschreitenden Digitalisierung sowie auch Internationalisierung werden traditionelle Zahlungsmittel und Investitionsmöglichkeiten immer stärker infrage gestellt. Es wird zunehmend von der (R)Evolution des Finanzmarkts gesprochen. Zentral ist hierbei die Entwicklung von neuen virtuellen Währungen, insbesondere den Kryptowährungen. Korrespondierend dazu ist der Gesetzgeber gefordert, sich dieser Thematik anzunehmen.

Dies erfolgt aktuell auch im Rahmen der Umsetzung der Änderungsrichtlinie zur 4. EU-Geldwäscherichtlinie (sog. „5. Geldwäscherichtlinie") der EU.[1] Diese hat es sich zur Aufgabe gemacht, Kryptowährungen und Kryptodienstleistungen zu definieren und zu regulieren.

Dieses essential wird sich nach einem kurzen Überblick über die bisherige Entwicklung und die aktuellen rechtlichen Rahmenbedingungen von Kryptowährungen und Kryptodienstleistungen sodann auf die dazugehörige Rechtsentwicklung und die Umsetzung der 5. Geldwäscherichtlinie in nationales Recht konzentrieren. Im Anschluss erfolgt ein Ausblick auf die Auswirkungen und Folgen, die mit dem Änderungsgesetz auf den deutschen Kryptobereich zu erwarten sind. Aus Gründen der Relevanz für die Praxis werden auch aktuelle Verlautbarungen der Bundesanstalt für Finanzdienstleistungsaufsicht, BaFin, dargestellt.

---

[1]Die Richtlinie kann hier abgerufen werden: https://eur-lex.europa.eu/legal-content/DE/ALL/?uri=celex%3A32015L0849.

© Springer Fachmedien Wiesbaden GmbH, ein Teil von Springer Nature 2020
A. Izzo-Wagner und L. M. Siering, *Kryptowährungen und geldwäscherechtliche Regulierung,* essentials, https://doi.org/10.1007/978-3-658-29981-1_1

1.1   Entwicklung von Kryptowährungen und Kryptodienstleistungen

Kryptowährungen werden gemeinhin oft mit der wohl bekanntesten Kryptowährung in Verbindung gebracht: der Bitcoin. Als erste digitale Währung war der Bitcoin der erste bekannte Kryptocoin weltweit und ist bis heute auch der am weitesten verbreitete. Angefangen hat diese Entwicklung mit dem Start des Bitcoin Netzwerkes und dem sogenannten „Bitcoin-Whitepaper"[2] im Jahr 2009. In den darauffolgenden Jahren erlebten weitere digitale Währungen wie beispielsweise Litecoin (2011), Dash (2014), Ethereum (2015) einen ebensolchen Hype, nicht zuletzt bedingt durch ihren starken Wertzuwachs.

Momentan gibt es geschätzt weltweit die beachtliche Summe von rund 2300 Kryptowährungen[3].

Die Idee von Kryptowährungen ist es, ein Gegenstück zum Buch- und wohl auch Fiatgeld zu bilden, welches als zentralbank-unabhängiges, digitales Zahlungsmittel für Waren oder Dienstleistungen verwendet werden kann. Die Idee ist jedoch bisher kaum umgesetzt: bisher hat noch kein Blockchain[4]-basiertes Zahlungsmittel im Rechtsverkehr eine hinreichende Verbreitung als Universaltausch- oder Zahlmittel erlangt; hierfür sind nicht nur die tatsächlichen Einsatzmöglichkeiten zu fragmentarisch. Gegenwärtig dienen Kryptowährungen in erster Linie als Spekulations- und Investitionsobjekt.

---

[2]Abrufbar hier: https://bitcoin.org/bitcoin.pdf.

[3]https://coinmarketcap.com/de/all/views/all/.

[4]Der Begriff Blockchain wird vorliegend synonym für Distributed-Ledger-Technologien („DLT") verwendet. DLT erfasst allgemein dezentral geführte informationstechnische Systeme, wie Register oder Kontobücher, bei denen Werte (beispielsweise Währungen oder Informationen) direkt zwischen den Teilnehmern ausgetauscht werden können. Die Verifizierung erfolgt zumeist durch systemweit festgelegte dezentrale Prozesse (Konsensusprotokolle) und nicht durch eine zentrale Instanz. Die Systeme ermöglichen allen Teilnehmern Zugriff auf den Status und auf eine überprüfbare Historie der vorgenommenen Transaktionen, versehen mit einem Zeitstempel. Ein Teilnehmer muss dabei nicht aktiver Teil des Systems (Knoten) sein. Die Besonderheit der Blockchain-Technologie ist, dass die Transaktionen zu Blöcken zusammengefasst und diese miteinander verknüpft werden, vgl. auch Blockchain-Strategie der Bundesregierung, https://www.bmwi.de/Redaktion/DE/Publikationen/Digitale-Welt/blockchain-strategie.pdf?__blob=publicationFile&v=16, dort unter Fußnote 1; Bazli, in: Klebeck/Dobrauz, Rechtshandbuch Digitale Finanzdienstleistungen, S. 418 passim.

1.2 Grundlagen von Kryptowährungen und Kryptodienstleistungen

Kryptowährungen sind regelmäßig Blockchain-basierte Zahlungsmittel[5]. Es handelt sich um virtuelle Währungen, die durch Verschlüsselungstechnologie gesichert und typischerweise dezentral nach der DLT organisiert sind. Kryptowährungen werden hierbei aber nicht staatlich geschöpft. Der ursprüngliche Zweck von Kryptowährungen war eine universal gültige virtuelle Währung zu schaffen, die als Zahlungsmittel verwendet werden kann und nicht von einem Zentralinstitut kontrolliert wird. Entsprechend kann etwa – da Kryptowährungen nicht staatlich, sondern von nichtregulierten Institutionen oder einem Netzwerk von Rechnern herausgegeben werden – keine Geldpolitik betrieben werden: die Geldmenge kann nicht an die jeweils bestehenden wirtschaftlichen Verhältnisse angepasst werden.

Kryptowährungen haben im Übrigen keinen intrinsischen Wert, vielmehr hängt deren Wert vom Markt ab; insbesondere davon, ob und wenn ja, von wie vielen Nutzern sie als Zahlungs- oder Tauschmittel akzeptiert werden.

Kryptowährungen sind verschlüsselte Ersatzwährungen, die – wie aufgezeigt – auf der Idee einer nichtstaatlichen Ausgabe beruhen. Konträr zu Fiat- und Buchgeld, das von Notenbanken ausgegeben wird, werden die meisten Kryptowährungen nach vorherbestimmten mathematischen Verfahren durch das sog. Mining erzeugt und können nur begrenzt geschaffen werden. Andere Kryptowährungen sind in einer vorab definierten Menge erschaffen und werden bei Transaktionen dem Empfänger mithilfe des „Proof-of-Stake-Verfahrens" neu zugeordnet („Forging"). Die Währungstransaktionen und Guthaben werden in dezentralen Netzwerken verwaltet[6].

Bitcoins werden ebenso wie andere Kryptowährungen in sogenannten „Wallets"[7] verwaltet. Diese ermöglichen das Halten sowie auch den Transfer von Bitcoins zwischen eigenen und fremden Bitcoin-Adressen mit einer individuell pro Transaktion festlegbaren Überweisungsgebühr. Innerhalb des Bitcoin-Netzwerkes können die Nutzer ihre Kryptowährungen beliebig zwischen ihren Adressen transferieren. Das Verfahren ist insgesamt anonym gehalten, sodass nicht erkennbar ist, wem eine bestimmte Bitcoin-Adresse gehört. Ein Rück-

---

[5]Siehe vorstehende Fußnote.

[6]Grzywotz/Köhler/Rückert, Cybercrime mit Bitcoins – Straftaten mit virtuellen Währungen, deren Verfolgung und Prävention, StV 2016, 753 (757).

[7]Wallets können entweder als Hot oder Cold Wallets ausgestaltet sein; Hot Wallets laufen auf den am Internet angeschlossenen Geräten, Cold Wallets sind Speichermittel, die nicht mit dem Internet verbunden sind.

schluss auf die Identität kann nur indirekt und bedingt gezogen werden, beispielsweise über die verwendete IP-Adresse. Wenn eine Transaktion einmal ausgeführt
wurde, ist eine Rückabwicklung technisch nicht vorgesehen und ebenfalls nicht
möglich, da bedingt durch die sich immer neu generierenden Zahlenfolgen der
Blockchain, sich die vorherige IP-Adresse nach einer Transaktion überholt
hat[8]. Da der Generierungsprozess immer komplexer wird, wächst die Anzahl an
Bitcoins immer langsamer und wird bei ca. 21 Millionen die maximale Anzahl
erreicht haben. Die bereits geschürften Bitcoins sind willkürlich generierten
Zahlenfolgen bestehenden Bitcoin-Adressen zugeordnet, wobei die Anzahl
solcher Bitcoin-Adressen für jeden Nutzer unbeschränkt ist.

Grundlage von „Kryptodienstleistungen" sind insbesondere die Verwahrung
oder die Anlage bzw. die Vermittlung von Kryptowährungen. Die BaFin hat
Kryptowährungen bislang als sog. „Rechnungseinheit" gem. § 1 Abs. 11 Nr. 7
Kreditwesengesetz (KWG) und somit als Finanzinstrument im aufsichtsrechtlichen Sinne eingeordnet.[9]

1.3   Unterschiede zu anderen Finanzmitteln

Als „Währung" oder „Geld" darf nur bezeichnet werden, was von einer Zentralbank als im Zahlungsverkehr bestimmte Einheit ausgegeben wird. Kryptowährungen wie Bitcoin erfüllen diese Voraussetzungen nicht, und sind demnach
nach Auffassung der BaFin weder Geld, gesetzliches Zahlungsmittel noch
Devisen oder Sorten. Stattdessen wurden Kryptowährungen, wie vorstehend
erwähnt, regelmäßig als sog. „Rechnungseinheiten" im Sinne des KWG ein-
gestuft und galten damit in Deutschland bereits früh als Finanzinstrumente. Der
Begriff Finanzinstrumente ist im Rahmen des § 1 Abs. 11 KWG als Oberbegriff
für handelbare Wertpapiere, Geldmarktinstrumente, Devisen, Rechnungseinheiten und Derivate festgelegt. Liegt ein Finanzinstrument vor, sind Erlaubnistatbestände des KWG sowie des WpHG einschlägig und grundsätzlich ist davon
auszugehen, dass Geschäfte im Zusammenhang mit Kryptowährungen einer
Erlaubnis nach § 32 KWG bedürfen.

---

[8]Schlund/Pongratz: Distributed-Ledger-Technologie und Kryptowährungen – eine rechtliche Betrachtung, DStR 2018, 599.

[9]Anders: Kammergericht Berlin, Az.: (4) 161 Ss 28/18 (35/18), welches in seinem
„Bitcoin-Urteil" vom 25.09.2018 entschied, dass der Handel mit Bitcoin nicht strafbar sei
und zwar mit der Begründung, dass Bitcoins keine Rechnungseinheiten und damit keine
erlaubnispflichtigen Finanzinstrumente im Sinne des KWG seien. Das Kammergericht
ordnet die Kryptowährung in seinem Urteil anders ein als die BaFin.

Es handelt sich bei Kryptowährungen nicht um eine Währung, wie die meisten anderen Finanzmittel es sind, sondern nur um eine Rechnungseinheit, die als Zahlungsmittel verwendet werden *kann*, vielmehr also um eine Art Tauscheinheit. In der Folge lassen Blockchain-basierte Zahlungsmittel wie Bitcoins und Ether sich nicht dem konkreten Währungsbegriff zuordnen. Lediglich im Fall einer Implementierung von Blockchain-basierten Zahlungsmitteln in eine hoheitliche Währungsverfassung d. h. bei einer Emittierung von hoheitlichen Zahlungsmitteln virtuell auf der Blockchain, läge eine Währung im konkreten Sinn vor.

Ein zentraler Vorzug von Kryptowährungen kann die Fähigkeit sein, Transfergeschäfte durchführen zu können, insbesondere auch automatisierte Zahlungsvorgänge, ohne einen Mittelsmann einzuschalten ohne geographische Limitationen. Dadurch bedingt sind niedrigere Transaktionskosten im Vergleich zu anderen Zahlungsmitteln und die Fähigkeit Transaktionen öffentlich zu verifizieren sowie schließlich die Anonymität des Inhabers.

1.4 Entwicklung der geldwäscherechtlichen Regulierungen zu E-Geld, Virtual Currencies und Blockchain

Im Zuge der zunehmenden Verbreitung von digitalen Währungen, wurde Deutschland erstmals 2010 in Bezug auf E-Geld auf nationaler Ebene tätig. Kryptowährungen unterfallen jedoch auch nach Ansicht der BaFin in der Regel nicht dem E-Geld-Begriff. Es fehlt hierfür entweder an der Drittakzeptanz oder an der „Ausstellung gegen Zahlung eines Geldbetrages".

Bedingt durch den Deutschland-Bericht aus Februar 2010 der Financial Action Task Force on Money Laundering (FATF)[10], der zu dem Ergebnis von gravierenden Defiziten beim Schutz vor Geldwäsche und Terrorismusfinanzierung sowie der Umsetzung der Dritten EG-Geldwäscherichtlinie (Artikel 37) kam, nahm der deutsche Gesetzgeber diesen zum Anlass, um neben der Umsetzung der 3. Geldwäscherichtlinie einige nationale Regelungen in das Zahlungsdiensteaufsichtsgesetz (ZAG) und das Geldwäschegesetz (GwG) zur Verhinderung der Geldwäsche in Bezug auf E-Geld zu implementieren. Ende 2010 erließ der deutsche Gesetzgeber im „Gesetz zur Optimierung der Geld-

---

[10]Abrufbar hier; https://rp-darmstadt.hessen.de/sites/rp-darmstadt.hessen.de/files/FATF%20 Pr%C3%BCfbericht%202010.pdf.

wäscheprävention" weitere Vorschriften zur Geldwäschebekämpfung im Bereich des E-Geld-Geschäfts.[11]

Am 19.12.2013 veröffentlichte die BaFin erstmals eine umfassende Stellungnahme zu Bitcoins und bezog darin Stellung zu den aufsichtsrechtlichen Fragen bezüglich diverser Krypto Geschäftsmodelle.[12]

Im Rahmen der Umsetzung der 4. Europäischen Geldwäsche-Richtlinie hat sodann die Geldwäscheprävention im Zusammenhang mit E-Geld eine hervorgehobene Stellung eingenommen, was ebenfalls Ziel des Ergänzungsvorschlages der EU Kommission vom 04.07.2016 zur 4. Europäischen Geldwäsche-Richtlinie war.[13] In der am 12.01.2016 in Kraft getretenen 2. Zahlungsdiensterichtlinie fanden sich allerdings unmittelbar keine die E-Geld-Regulierung betreffenden Bestimmungen.[14] Die Hinweise des Richtliniengebers in den Erwägungsgründen der 2. Zahlungsdiensterichtlinie sollten jedoch auch Auswirkungen auf die durch Verweis in der 2. E-Geld-Richtlinie in die E-Geld-Regulierung einbezogenen Vorschriften der Zahlungsdiensterichtlinie haben.

Zuvor veröffentlichte die EBA aber bereits an Verbraucher gerichtete Hinweise zu virtuellen Währungen. Anders als die BaFin enthält die EBA-Stellungnahme vom 12.12.2013[15] allerdings keine eindeutigen rechtlichen Schlussfolgerungen. Die Stellungnahme verwies lediglich auf die tatsächlichen, rechtlichen und steuerrechtlichen Risiken, die mit dem Erwerb, dem Halten und dem Handel von kryptographischen Währungen wie Bitcoin einhergehen. Unter anderem warnte die EBA vor dem Risiko, dass Verbraucher auf unseriösen Handelsplattformen ihr Geld einbüßen können.

Insgesamt ist somit aber festzuhalten, dass die Entwicklung der geldwäscherechtlichen Regulierungen somit erst ab der 4. Europäischen Geldwäscherichtlinie an Fahrt aufgenommen haben und davor der Bereich eigentlich weitgehend ungeregelt blieb.

---

[11]Bundesgesetzblatt Jahrgang 2011 Teil I Nr. 70, S. 2959 ff.

[12]BaFin: Bitcoins: Aufsichtliche Bewertung und Risiken für Nutzer.

[13]Vorschlag der EU Kommission zur Änderung der 4. Geldwäscherichtlinie vom 05.07.2016, COM (2016) 450 final 2016/0208 (COD).

[14]Bauer/Glos „Die zweite Zahlungsdiensterichtlinie – Regulatorische Antwort auf Innovation im Zahlungsverkehr", DB 2016, 456 ff.; Terlau „Die zweite Zahlungsdienstrichtlinie – zwischen technischer Innovation und Ausdehnung des Aufsichtsrechts", ZBB 2016, 122 ff.; aus bankvertragsrechtlicher Sicht Omlor „Die zweite Zahlungsdiensterichtlinie: Revolution oder Evolution im Bankvertragsrecht?", ZIP 2016, 558 ff.

[15]EBA, Warning to consumers on virtual currencies, EBA/WRG/2013/01.

Kryptowährungen und Kryptodienstleistungen und ihre Funktionen

2.1 Typologie von Kryptowährungen

Grundsätzlich erfolgt die Charakterisierung von Kryptowährungen, nach der aufsichtsrechtlichen Praxis sowie am Markt, in verschiedene Typen.[1] Hieran orientiert sich sodann auch der Gebrauch und die rechtliche Ausgestaltung bezüglich der betreffenden Kryptowährungen, insbesondere zur Eigenschaft als Finanzinstrument.

2.1.1 Arten

Der Begriff „Kryptowährungen" wird normalerweise als Oberbegriff für alle digitalen Token verwendet, die genau wie Bitcoin und Ethereum auf einer Blockchain oder ähnlichen „Distributed-Ledger" beruhen. Die Unterschiede der Kryptowährungen in der Ausrichtung und der Zielsetzung der einzelnen Coins sind jedoch teilweise gravierend.[2]

Echte Kryptowährungen (Zahlungstoken) haben vor allem nur den Zweck, dass sie als alternatives Zahlungsmittel eingesetzt werden sollen, mit denen man Waren oder Dienstleistungen kaufen kann. Hierunter fallen beispielsweise Bitcoin, Dash und Litecoin. Grundsätzlich stellen Zahlungstoken keine

---

[1]BaFin, Merkblatt ICOs.

[2]Dazu und im Folgenden Maume/Fromberger, Regulation of Initial Coin Offerings: Reconciling U.S. and E.U. Securities Laws, Chicago Journal of International Law, 2019, Volume 19 Nr. 2, 548 (558).

© Springer Fachmedien Wiesbaden GmbH, ein Teil von Springer Nature 2020
A. Izzo-Wagner und L. M. Siering, *Kryptowährungen und geldwäscherechtliche Regulierung,* essentials, https://doi.org/10.1007/978-3-658-29981-1_2

Wertpapiere i. S. d. Wertpapierprospektgesetzes (WpPG) oder Vermögensanlagen i. S. d. Vermögensanlagengesetzes (VermAnlG) dar.

Unter Plattform-Token fallen Kryptowährungen, die für die Teilnahme an der zugrunde liegenden Plattform benötigt werden, wie z. B. Ethereum, für welche man die dazugehörige Kryptowährung „Ether" als Gebühr benutzt, um Smart Contracts auszuführen. Auch wenn Plattform-Token als Zahlungsmittel verwendet werden könnten, ist dies nicht unbedingt beabsichtigt. In diesen Fällen ist bei der Einordnung der Token entscheidend, auf welche Funktionen der Schwerpunkt des jeweiligen Tokens liegt. Die konkreten Umstände des Einzelfalles sind ausschlaggebend.

Utility-Token erlauben meist den Zugriff auf bestimmte Dienstleistungen oder Produkte, ähnlich einer Eintrittskarte oder einem Gutschein.[3] Grundsätzlich stellen Utility-Token keine Wertpapiere i. S. d. WpPG oder Vermögensanlagen i. S. d. VermAnlG dar. Solche Token sind damit in den meisten Fällen auch keine Finanzinstrumente nach dem KWG. Zum einen fehlt ihnen die Vergleichbarkeit mit den gesetzlich genannten Beispielfällen (Aktien, andere Anleihen, Schuldtitel).[4] Zum anderen verbriefen sie keine Mitgliedschaftsrechte oder Ansprüche gegen einen Aussteller/Emittenten. Utility Token sind die Art, die am Weitgehendsten unreguliert ist.

Unter Security-Token kann man Anteile an einem Unternehmen, an einem System oder an einem Projekt (aus dem Krypto-Umfeld) verstehen. Ähnlich wie Aktien beziehen diese Anteile ihren Wert vor allem dadurch, dass man einen Teil des dahinterliegenden Systems erwirbt. Oft wird an alle „Shareholder" eine Art Dividende ausgezahlt. Entweder kommt diese Dividende aus den Transaktionsgebühren oder ist ein Teil des Umsatzes, welcher mit dem System erwirtschaftet wird. Durch die Abnahme der verfügbaren Menge an Token steigt hierbei der Wert der verbliebenen Token.[5] Wertpapierähnliche Token stellen grundsätzlich Wertpapiere i. S. d. des WpPG bzw. ProspektVO, und des WpHG dar und sind damit auch Finanzinstrumente i. S. d. KWG. Security-Token erfahren damit in der Regel die stärkste Regulierung.

---

[3]BaFin, Merkblatt ICOs.

[4]Vgl. Langenbucher, Corporate Finance and Capital Markets Law Review, Nr. 2/3-2018, 40 (41).

[5]Rohm, Verschiedene Typen von Kryptowährungen.

2.1.2 Funktionen/Gebrauch

Kryptowährungen können, wie oben bereits dargestellt wurde, als digitales Zahlungsmittel sowie als Anlage, ähnlich einer Aktie, eingesetzt werden. Da Kryptowährungen meist auf der Blockchain-Technologie oder digitalen Signatur basieren sind sie als fälschungssicher anzusehen, weil sich nach jedem Vorgang der Zahlenkode in eine nicht voraussehbare Zahlenfolge automatisch verändert.

Hauptanwendungsfälle ergeben sich z. B. daraus, wenn beide Parteien unterschiedliche Währungen gebrauchen und somit eine Zahlung mit Kryptowährungen direkt und ohne eine große Umwandlung erfolgen soll. Ein weiterer Anwendungsfall ergibt sich, in der Umgehung von hohen Transaktionskosten, die beispielsweise mit anderen Finanzmitteln anfallen würden. Auch werden zum Beispiel Ether bei automatisierten Zahlungsvorgängen verwendet, im Hinblick auf Aktienausschüttungen; dies ist dann der Fall, wenn Token für Smart Contracts verwendet werden. Hier wird sodann keine Person mehr benötigt, die zur Autorisierung zwischengeschaltet werden muss. Schlussendlich investieren viele Anleger auch in Kryptowährungen als Investment, indem sie auf eine Wertsteigerung hoffen, ähnlich wie bei Anteilen oder Aktien.

Die europäische Kommission hat in ihrer jüngsten Konsultation vorgebracht, dass Krypto-Assets auch erhebliche Vorteile für Verbraucher und Marktteilnehmer mit sich bringen können. Die Finanzierungsmöglichkeiten (ICOs & STOs), die die neue Technologie mit sich bringt, erlauben vor allem SMEs, einen günstigeren und weniger mühsamen Weg zur finanziellen Inklusion im Vergleich zu den klassischen Finanzierungsmethoden. Auch die Tokenisierung bereits etablierter Finanzierungspraktiken könnte Möglichkeiten der effizienteren Gestaltung von Prozessen rund um den Handel mit verschiedenen, etablierten Assets bieten. [6]

2.1.3 Einzelfallbetrachtung

Die aufsichtsrechtliche Beurteilung der Kryptowährungen mit der auf ihnen basierenden Distributed-Ledger-Technologie (DLT) richtet sich danach stets nach dem Einsatz der Technologie und dem verfolgten Zweck, der dahintersteht.

---

[6]Europäische Kommission, Consultation Document On an EU framework for markets in Crypto Assets.

Diesbezüglich wird das Geschäftsmodell betrachtet.[7] Grundsätzlich können der Dienstleister, Lieferant oder der Kunde selbst Dienstleistungen und Waren mit Kryptowährungen bezahlen lassen. Ein gewerblicher Handel z. B., wenn Bitcoins selbst zur Ware werden, kann jedoch eine (strafbewehrte) Erlaubnispflicht nach sich ziehen.[8] Dies liegt speziell dann vor, wenn ein Beitrag geleistet wird, um einen Markt für Kryptowährungen zu schaffen oder zu erhalten, was insbesondere im Falle des Eigenhandels erfüllt ist.[9] Die Grenze zur Erlaubnispflicht ist fließend. Treten zur reinen Nutzung von Bitcoins weitere Dienstleistungselemente hinzu, kann diese Grenze schnell überschritten sein. Wer also nicht nur Bitcoins schürft, kauft und verkauft, um sich mit Waren oder Dienstleistungen am Markt zu versorgen, sondern selbst einen gewissen Beitrag am Markt leistet, um eben diesen Markt zu erhalten oder einen neuen zu schaffen, erfordert regelmäßig eine BaFin-Lizenz. So kann Eigenhandel im aufsichtsrechtlichen Sinne vorliegen, wenn bei Mining-Pools, die gewerblichen Erlösanteile aus geschürften oder veräußerten Kryptowährungen angeboten werden. Wenn im eigenen Namen gewerbsmäßig z. B. Bitcoins für fremde Rechnung an- und verkauft werden, handelt es sich möglicherweise um ein erlaubnispflichtiges Finanzkommissionsgeschäft.[10]

2.2 Typologie von Kryptodienstleistungen

Nach der bisherigen Rechtslage gab es per se noch keine Kryptodienstleistungen, zumindest wurden diese erbrachten Dienstleistungen nicht als solche beschrieben. Bei bisherigen Kryptodienstleistungen handelte es sich immer nur um die allgemein bekannten (ggf. regulatorisch relevanten) Dienstleistungen, die sich im Einzelfall auf Kryptowährungen oder Token bezogen.

Somit kommen bisher an Kryptodienstleistungen insbesondere die Anlage- und Verwahrmethoden in Betracht, wo Kryptowährungen bei einer Gesellschaft oder einem Institut verwahrt werden konnten oder die privaten kryptographischen Schlüssel eingelagert wurden.

---

[7]Vgl. hierzu BaFin Journal, Ausgabe Januar 2016, 16 ff.
[8]§ 54 KWG.
[9]§ 1 Abs. 1a S. 2 Nr. 4 KWG.
[10]§ 1 Abs. 1 S. 2 Nr. 4 KWG.

Zusätzlich gibt es noch die Blockchain-Intermediäre, die wegen ihrer Vermittlungsleistungen hinsichtlich Kryptowährungen mit einbezogen werden können.

2.2.1 Arten der Blockchain-Teilnehmer

Trotz der Dezentralität des Systems, kommt vielen Intermediären eine zentrale Funktion innerhalb des Netzwerkes zu. Daneben gibt es Personen ohne Intermediärseigenschaft, die die Blockchain für Transaktionen nutzen; diese Personen werden als Blockchain- oder Netzwerkteilnehmer benannt. Von besonderer Bedeutung bezüglich der Geldwäscheregulierung sind die Intermediäre.

Als Erstes gibt es die Initiatoren oder Emittenten eines Kryptowertes. Diese geben den Token zum ersten Mal aus. Um die Blockchain in Gang zu setzen erfolgt diese Ausgabe in der Regel unentgeltlich, wodurch dieser Erwerbsform keine geldwäscherechtliche Relevanz zukommt.[11] Zusätzlich gibt es die Möglichkeit den neuen Kryptowert durch ein sog. Initial Coin Offering (ICO) in das Netzwerk einzufügen. Hierbei wird der generierte Token gegen ein Entgelt ausgegeben, wobei die Bezahlung meist durch andere Krypto- oder Fiatwährungen erfolgt.

Zweitens gibt es noch die Trading-Kryptoplattformen, welche sich in Kryptowechselstellen und Kryptobörsen unterteilen lassen. Hierbei erwirbt der Investor über den Sekundärmarkt Token, die über Onlineplattformen von Kunden getauscht werden können. Bei Kryptobörsen erfolgt ein Tausch von Token untereinander, während es bei Kryptowechselstellen auch zu einem Tausch von Token gegen Fiatwährungen und umgekehrt kommen kann. Es gibt auch Dienstleister, die beide Formen anbieten.[12]

Als dritte Säule kommen noch die Wallets und Wallet-Provider hinzu. Für Blockchain-basierte Transaktionen bedarf es der asymmetrischen Kryptographie, einem „Public-Key-Verfahren", welches aus einem öffentlichen und privaten kryptographischen Schlüssel zusammengesetzt ist. Der öffentliche Schlüssel ist hierbei mit einer Kontonummer vergleichbar. Dieser Schlüssel wird offen zwischen den Blockchain-Teilnehmern kommuniziert. Der private Schlüssel wird hingegen unter Verschluss gehalten, vergleichbar eines PIN-Codes einer

---

[11]Fromberger/Haffke/Zimmermann, „Kryptowerte und Geldwäsche", BKR 2019, 378.

[12]Fromberger/Haffke/Zimmermann, „Kryptowerte und Geldwäsche", BKR 2019, 378.

EC-Karte.[13] Dieser private Schlüssel wird in einer Wallet verwahrt. Bedingt durch die Art der Verwahrung werden verschiedene Gruppen unterteilt. Zum einen kann eine Speicherung des Schlüssels in einer mobilen App erfolgen. Hierbei handelt es sich dann um eine Mobile-Wallet. Zum anderen erfolgt die Speicherung auf einer Website, welches dann als Online-Wallet bezeichnet wird.[14]

Meistens erfolgt die Teilnahme an der Blockchain oder die Nutzung einer Wallet von Teilnehmern durch Wallet-Provider. Diese treten in verwahrender und nicht-verwahrender Form in Erscheinung. Die verwahrenden Wallet-Provider speichern die privaten Schlüssel der Netzwerkteilnehmer. Somit benötigen sie für eine Transaktion nur die Nutzerdaten, nicht mehr aber den privaten Schlüssel. Hierdurch wird die Transaktion wesentlich erleichtert. Kryptowechselstellen und Kryptobörsen bieten meist ebenfalls diese Verwahrungsleistung an.[15] Wallet-Provider können aber auch sowohl Bankinstitute als auch FinTech-Startups sein. Diese verwalten oder verwahren die Kryptowährungen und Schlüssel in Depotverträgen und Einlagengeschäften.

Nicht-verwahrende Wallet-Provider verwahren hingegen keine privaten Schlüssel. Sie ermöglichen es nur, Teilnehmern das selbstständige Verwahren zu ermöglichen. Der Betreiber einer Website, die nur den Ausdruck eines privaten Schlüssels ermöglicht, gilt somit nicht als verwahrender Wallet-Provider. Daneben gibt es zudem noch Interface-Provider. Diese stellen nur Schnittstellen zur Übertragung von Token sowie Blockchaininteraktionen bereit, wobei jeder Teilnehmer seine durchgeführte Transaktion mit der Eingabe seines privaten Schlüssels durchführen muss. Häufig verknüpfen diese Provider ihren Tätigkeitsbereich auch mit nicht-verwahrenden Funktionen.[16]

Eine weitere Kategorie sind die sog. Tumbler-Dienste. Tumbler-Dienste erhalten Token von Teilnehmern und geben diesen dafür den Wert der Token in anderen Token zurück. Da man niemals „dieselben" Token zurückerhält, bedingt durch die Blockchain, kann hierdurch die Herkunft der Token verschleiert werden. Durch das Verschleierungsverfahren der Tumbler-Dienste, ist die Transaktionshistorie des Tokens für den Einsatz zum Zwecke der Strafverfolgung nahezu unbrauchbar, weil das Verfahren absolut anonym und somit nicht nachverfolgbar ist.[17]

---

[13]Vgl. Stephen Small, „Bitcoin: The Napster of Currency", Houston Journal of International Law, 2015, 588.

[14]Rosenberger, Bitcoin und Blockchain, 2018, S. 22 ff.

[15]Fromberger/Haffke/Zimmermann, „Kryptowerte und Geldwäsche", BKR 2019, 378.

[16]Fromberger/Haffke/Zimmermann, „Kryptowerte und Geldwäsche", BKR 2019, 378.

[17]Fromberger/Haffke/Zimmermann, „Kryptowerte und Geldwäsche", BKR 2019, 380.

Geldwäscherechtliche Regulierung 3

3.1 Geldwäscherechtliche Regulierung auf EU-Ebene

Auf der EU-Ebene wurde eine geldwäscherechtliche Regulierung bisher noch nicht einheitlich vorgenommen, z. B. in Form von Verordnungen oder Beschlüssen. Einzig durch zwei erlassene Richtlinien wurde dieser Bereich geregelt.

Die EBA hat insofern Kryptowährungen „als eine Form von nicht reguliertem digitalen Geld bezeichnet, das nicht von einer Zentralbank bereitgestellt oder garantiert wurde und als ein Zahlungsmittel verwendet werden kann".[1]

3.1.1 Bisherige Rechtsprechung

Bisher gab es auf der europäischen Ebene erst sehr wenig Rechtsprechung, welche sich mit Kryptowährungen befasste. Die erste wesentliche Entscheidung zur Behandlung von Kryptowährungen erfolgte im Urteil Case C-264/14 Skatteverket v David Hedqvist [2015] OJ C414/6. Der Europäische Gerichtshof (EuGH) entschied, dass die Übertragung von Kryptowährungen umsatzsteuerlich nicht anders zu behandeln sei, als die Übertragung von sonstigen Zahlungsmitteln. Auch bestätigte er, dass der Umtausch von konventionellen Währungen in Einheiten der virtuellen Währung „Bitcoin" möglich sei und zwar von beiden

---

[1]EBA, „Warning to consumer on virtual currencies" EBA/WRG/2013/01.

© Springer Fachmedien Wiesbaden GmbH, ein Teil von Springer Nature 2020
A. Izzo-Wagner und L. M. Siering, *Kryptowährungen und geldwäscherechtliche Regulierung,* essentials, https://doi.org/10.1007/978-3-658-29981-1_3

Seiten ausgehend.[2] Diese Entscheidung entfaltete infolgedessen aufgrund des einheitlichen Mehrwertsteuerrechts in der EU, ebenso Wirkung für Deutschland.[3] Insgesamt bleibt dieser Bereich, aus der Perspektive der Rechtsprechung betrachtet, trotzdem sehr unauffällig.

3.1.2 Bisherige Verordnungen

Bisher hat die EU noch keine Verordnungen diesbezüglich erlassen, um die Materie der Kryptowährungen und Kryptodienstleistungen einheitlich zu regeln. Ebenfalls ist bis dato noch keine einheitlich regelnde Verordnung hinreichend in Planung.

3.1.3 Bisherige Richtlinien

Die 4. Geldwäscherichtlinie[4] war die erste europäische Geldwäscherichtlinie, die sich mit virtuellen Währungen auseinandergesetzt hat. Somit fanden hier erstmals die Kryptowährungen auf europäischer Ebene Einzug im geldwäscherechtlichen Bereich.

Die Reform des europäischen Geldwäscherechts durch die 5. Geldwäscherichtlinie[5] hat zu einer erstmaligen Miterfassung von „virtuellen Währungen" geführt. Vorangegangen waren insbesondere eine Richtlinie der Financial Task Force on Money Laundering (FATF) und eine Entschließung zur Annahme des Europäischen Parlaments.

Somit existiert mit Art. 3 Nr. 18 der Geldwäscherichtlinie erstmals im Unionsrecht eine Legaldefinition für virtuelle Währungen. Danach sind „virtuelle Währungen" eine digitale Darstellung eines Werts, die von keiner Zentralbank oder öffentlichen Stelle emittiert wurde oder garantiert wird und nicht zwangsläufig an eine gesetzlich festgelegte Währung angebunden ist und die nicht den gesetzlichen Status einer Währung oder von Geld besitzt, aber von

---

[2]Fromberger/Haffke/Zimmermann, „Kryptowerte und Geldwäsche", BKR 2019, 382.

[3]Hillebrand/Hötzel, „Kryptotoken kommen in der Rechtsprechung an", Private Equity Magazin.

[4]Richtlinie (EU) 2015/849 des Europäischen Parlaments und des Rates vom 20.05.2015.

[5]Richtlinie (EU) 2018/843 des Europäischen Parlaments und des Rates vom 30.05.2018.

natürlichen oder juristischen Personen als Tauschmittel akzeptiert wird und die auf elektronischem Wege übertragen, gespeichert und gehandelt werden kann. Hierbei handelt es sich jedoch in erster Linie um Blockchain-basierte Zahlungsmittel wie Bitcoins und Ether, die bevorzugt als Zahlungsmittel für Dienstleistungen und Waren verwendet werden. Allerdings ist die Definition nicht darauf beschränkt, zumal kein Bezug zur Distributed Ledger- oder Blockchain-Technologie hergestellt wird, sondern es sich nur um eine technologieneutrale Definition handelt.

Dem Kreis der geldwäscherechtlich Verpflichteten wurden Dienstleister an der Schnittstelle zwischen virtueller und traditioneller Währung (Art. 2 Abs. 1 Nr. 3 lit. h, Art. 3 Nr. 19 Geldwäscherichtlinie) hinzugefügt. Ziel hierbei ist es, einen angemessenen Ausgleich zwischen Technologieförderung und Terrorismusbekämpfung zu erreichen. Infolgedessen bestehen nunmehr weitgefächerte Sorgfaltspflichten bzgl. Verfahren/Systemen, die mit virtuellen Währungen zu tun haben.

Bisher ist die 5. Geldwäscherichtlinie die einzige EU-Rechtsgrundlage die spezielle Rahmenbedingungen für den Umgang mit Kryptowährungen harmonisiert, während andere EU-Institutionen nur Leitlinien in anderen Rechtsbereichen bereitgestellt haben.[6] Bedingt dadurch, dass in der 5. Geldwäscherichtlinie zum ersten Mal der Begriff der virtuellen Währung definiert wird, wird klar, dass Token, die auf einzelne Plattformen limitiert sind und nicht auf Tauschplattformen gewechselt werden können, nicht hierunter fallen, da sie wie „local currencies" zu verstehen sind.[7]

Ferner erweitert die 5. Geldwäscherichtlinie den Adressatenkreis um zwei weitere Verpflichtete: „Dienstleister, die virtuelle Währungen in Fiatgeld und umgekehrt tauschen" sowie „Anbieter von elektronischen Geldbörsen" (Art. 1 Nr. 1 lit. c 5. Geldwäscherichtlinie).

Bei dem für die Definitionen maßgebenden Begriff der virtuellen Währung handelt es sich nach Art. 1 Nr. 2 lit. d 5. Geldwäscherichtlinie, um „eine digitale Darstellung eines Wertes, die von keiner Zentralbank oder öffentlichen Stelle emittiert wurde oder garantiert wird und nicht zwangsläufig an eine gesetzlich

---

[6]European Parliament, „Virtual Currences: Challenges Following their introduction", März 2016, 7.

[7]Richtlinie (EU) 2018/843 des Europäischen Parlaments und des Rates vom 30.05.2018, Art. 3c Nr. 5, Nr. 128 im Memorandum.

festgelegte Währung angebunden ist und die nicht den gesetzlichen Status einer Währung oder von Geldbesitz, aber von natürlichen oder juristischen Personen als Tauschmittel akzeptiert wird und die auf elektronischem Wege übertragen, gespeichert und gehandelt werden kann".

Die vorgenannte Definition virtueller Währungen ist technologieneutral verfasst. Sie lässt keinen Schluss auf die hinter der Darstellung stehende Technologie zu. Dabei werden auf Blockchain-Basis gehandelte Kryptotoken gleichermaßen erfasst wie andere technische Formen von Token oder sonstige denkbare Erscheinungsformen.[8]

Die Definition birgt, bedingt durch die vielen einzelnen Kriterien, die es zu erfüllen gibt, aber Auslegungsschwierigkeiten. Tendenziell qualifizieren nur diejenigen Token als virtuelle Währungen i. S. v. Art. 1 Nr. 2 lit. d 5. Geldwäscherichtlinie sind, die aufgrund ihrer Konzeption als intermediäres Austauschmittel bei Transaktionen verwendet werden können.[9] Damit fallen hauptsächlich nur echte Kryptowährungen unter die Definition von virtuellen Währungen, da nur sie als intermediäres Austauschmittel eingesetzt werden. Bei Investment und Utility-Token steht hingegen die Investitions- bzw. Konsumfunktion im Vordergrund. Sie sind nicht auf den Einsatz als intermediäre Austauschmittel ausgerichtet und damit keine virtuellen Währungen i. S. d. 5. Geldwäscherichtlinie.[10] Dies wäre zumindest das Ergebnis einer engen Auslegung der Definition. Dieses Ergebnis steht jedoch im Konflikt mit dem 10. Erwägungsgrund der 5. Geldwäscherichtlinie: Hiernach soll die Richtlinie alle potenziellen Verwendungszwecke von virtuellen Währungen abdecken, somit auch die Verwendung von digitalen Gutscheinen und Investitionsmitteln, wodurch auch die meisten Tokenarten erfasst sein dürften. Die fehlende Stringenz von Erwägungsgrund und Richtlinientext konterkariert aber eine einheitliche Auslegungsmöglichkeit, wodurch Rechtsunsicherheit und potentielle Umsetzungsdisparitäten in den Mitgliedstaaten entstehen können.[11]

---

[8]Fromberger/Haffke/Zimmermann, „Kryptowerte und Geldwäsche", BKR, 2019, 379.

[9]So auch HM Treasury/FCA, Cryptoassets Taskforce: final report, 2018, S. 11.

[10]Fromberger/Haffke/Zimmermann, „Kryptowerte und Geldwäsche", BKR 2019, 380.

[11]Vgl. auch Vandezande, „Virtual currencies under EU anti-money laundering law", Computer Law & Security Review 2017, Volume 33, Iss. 3, 341 (351).

3.2 Geldwäscherechtliche Regulierung auf nationaler Ebene

3.2.1 Bisherige Gesetzgebung

Der deutsche Gesetzgeber hat die Thematik bezüglich Kryptowährungen und Kryptodienstleistungen bisher als solche noch nicht gesondert geregelt. So wurden insbesondere Kryptowährungen bisher als dergleichen noch nicht einmal bezeichnet und Kryptowährungen, wie oben dargestellt, nur unter der bestehenden Gesetzeslage eingeordnet.

Die bestehenden Gesetze wurden nun modifiziert, um auch den Themenkreis der Kryptowährungen und Kryptodienstleistungen mit aufnehmen zu können.

Eine (wirtschaftsrechtliche) Regulierung findet sich für Token-/Bitcoin-Transaktionen vor allem momentan in zwei Gebieten:

Einerseits im (Bank-)Aufsichtsrecht, wo sie als Finanzinstrumente (nicht aber als Währung) qualifiziert werden; hierbei aber nicht die Schaffung, wohl aber der Handel für Kunden und die Errichtung von Handelsfazilitäten, die unter Erlaubnisvorbehalt gestellt werden.[12]

Andererseits erfolgt eine Regulierung im Geldwäscherecht, wo die Anzeigepflicht bei Verdachtsmomenten und Überschreitung der Meldeschwellen für die Kreditinstitute, als Adressaten nach §§ 2 – 4 GwG u. a. auch für Bitcoins gilt (eine entsprechende Pflicht für Bitcoin-Wallet-Dienstleister ist hingegen erst in der Umsetzung der 5. Geldwäscherichtlinie geplant). Die Regulierung der sonstigen Sicherheitsrisiken von Bitcointransaktionen erscheint noch wenig entwickelt (z. B. Kapitalmarktrecht mit Prospektpflicht) beziehungsweise fehlen dem Grunde nach noch ganz, z. B. bzgl. Sicherheitsrisiken von Plattformen/-Börsen, vor allem gegen Hackerangriffe.[13]

---

[12]Vgl. Beck/König, „Bitcoins als Gegenstand von sekundären Leistungspflichten", AcP 215 (2015), 655 (664); Hildner, „Bitcoins auf dem Vormarsch: Schaffung eines regulatorischen Level Playing Fields?", BR 2016, 485 (489–491, 494); BaFin, Virtuelle Währungen/ Virtual Currency (VC), Merkblatt, zuletzt geändert am 28.4.2016; Sprengnether/Wächter, „Bitcoins: Risiken, Recht und Regulierung", Die Bank 2014, 60 bzw. Lochmaier, „Bitcoins: Zwischen Spekulationsblase und Hype", Die Bank 2014, 64.

[13]Ekkenga, „Bitcoin und andere Digitalwährungen – Spielzeug für Spekulanten oder Systemveränderungen durch Privatisierung der Zahlungssysteme?", CR 2017, 762 (763, 764); Hildner, „Bitcoins auf dem Vormarsch: Schaffung eines regulatorischen Level Playing Fields?", BKR 2016, 485 (492 f.); Spindler/Bille, „Rechtsprobleme von Bitcoins als virtuelle Währung", WM 2014, 1357 (1358 f., 1366 f.). Zu strafrechtlichen Fragen allgemeiner Rückert, „Vermögensabschöpfung und Sicherstellung bei Bitcoins", MMR 2016,

Insgesamt gibt es hierdurch einige Szenarien, in denen es einer BaFin-Erlaubnis bedarf, auch wenn Kryptowährungen und Kryptodienstleistungen als solches noch nicht gesondert reguliert sind. In der Praxis bedarf es grundsätzlich aufgrund der Vielzahl von Einzelfällen einer umfassenden Prüfung, um mögliche Erlaubnispflichten beurteilen zu können.

Der erste große Bereich, der eine Erlaubnispflicht mit sich bringen kann, ist das Einlagengeschäft gem. § 1 Abs. 1 S. 2 Nr. 1 KWG. Das Einlagengeschäft liegt immer dann vor, wenn Investoren, vorliegend den Eigentümern der einzelnen Rechner beim Mining-Pool, ein eigener unbedingter Rückzahlungsanspruch eingeräumt wird, z. B. die Token in dem Wert zurückzukaufen, in dem sie mindestens auch ausgegeben wurden. Die Erlaubnispflicht nach dem KWG kann damit begründet werden, wenn der Emittent seine Token im Tausch mit gesetzlichen Zahlungsmitteln anbietet und dem Käufer ein Rückzahlungsversprechen gibt. In einer solchen Fallkonstellation kann der Verkauf der Krypto-Token als das Betreiben des Einlagegeschäfts i. S. d. § 1 Abs. 1 S. 2 Nr. 1 KWG angesehen werden, wofür eine Erlaubnis nach § 32 Abs. 1 KWG gefordert wird[14].

Der zweite große Bereich betrifft die E-Geld-Geschäfte. Abhängig von der Ausgestaltung der Token, kann die Eigenemission bereits die Voraussetzungen des § 1 Abs. 2 S. 2 ZAG erfüllen. Dies ist gegebenenfalls dann der Fall, wenn die Krypto-Token gegen gesetzliche Zahlungsmittel ausgegeben werden, einen Anspruch gegen den Emittenten verkörpern und von Dritten zur Bezahlung angenommen werden. Demnach würde der Emittent ein E-Geld-Geschäft bei der Ausgabe solcher Token betreiben und der Erlaubnis nach § 11 ZAG bedürfen. Krypto-Token, die jedoch ausschließlich gegen virtuelle Währungen, wie Ether oder Bitcoin herausgegeben werden, fallen grundsätzlich aber nicht in den Anwendungsbereich des ZAG, da sie kein E-Geld darstellen und somit nicht zu einer Erlaubnispflicht des Emittenten nach dem ZAG führen.

Ein dritter Bereich stellt das Investmentgeschäft dar, wobei hier die Emission der Krypto-Token eine Erlaubnispflicht nach dem KAGB begründen kann. In diesem Fall wäre der Emittent der Betreiber einer Kapitalverwaltungsgesellschaft. Deren Ziel wäre es die investierten Token nach einer festgelegten Anlagestrategie anzulegen und die Inhaber der Token an Gewinn und Verlust dieser Anlagetätigkeit,

---

295. Zur fehlenden Regulierung der Systemsicherheit (Hackerangriffe) Hildner, „Bitcoins auf dem Vormarsch: Schaffung eines regulatorischen Level Playing Fields?", BKR 2016, 485 (493 f.).

[14]Merkblatt BaFin zu Prospekt- und Erlaubnispflichten, S. 10.

beispielsweise durch eine Ausschüttung oder einen Rückkauf durch den Emittenten selbst, teilhaben zu lassen. Eine solche Tätigkeit ist nur mit einer vorherigen Registrierung oder der Erlaubnis der BaFin zulässig gem. §§ 44 Abs. 1 S. 1 Nr. 1, 20 Abs. 1 KAGB.

Als letzter großer Bereich kommen noch die (Finanz)dienstleistungen hinzu. Das erstmalige Angebot von Krypto-Token durch den Emittenten stellt regelmäßig noch keine Finanzdienstleistung nach § 1 Abs. 1a S. 2 KWG dar. Ebenfalls bedarf eine ohne Einschaltung eines Dritten durchgeführte Eigenemission, auch wenn es sich hierbei bei den Krypto-Token um Finanzinstrumente i. S. d. KWG handelt, keiner Erlaubnis der BaFin.

Eine Regulierung von Dienstleistungen kommt allerdings insbesondere bei nachgelagerten Tätigkeiten des Emittenten oder eines Dritten vor.

Voraussetzung ist hierbei jedenfalls, dass es sich bezüglich der Krypto-Token, auf die sich die Tätigkeit bezieht, in ihrer Eigenschaft um Finanzinstrumente nach § 1 Abs. 11 S. 1 KWG handelt. Krypto-Token werden im KWG zwar nicht als eigene Kategorie aufgeführt, nichtsdestotrotz können sie dank einer technikneutralen Auslegung unter die einzelnen in § 1 Abs. 11 S. 1 KWG gegebenen Kategorien subsumiert werden. Dies ist vom jeweiligen Einzelfall abhängig sowie der rechtlichen Ausgestaltung der Krypto-Token. Wie bereits oben dargestellt, ist dies bei reinen Utility-Token, regelmäßig nicht der Fall, da diese Token normalerweise nicht zu Ausschüttungen oder anderen finanziellen Zuwendungen durch den Emittenten dienen, keine Mitbestimmungsrechte generieren und nicht als Zahlungsmittel konzipiert sind. Ihre Nutzung beschränkt sich auf Dienstleistungen des Emittenten und als Gutscheine für vorausbezahlte Waren.[15]

Zahlungstoken sind dagegen im Regelfall Finanzinstrumente in Form von Rechnungseinheiten nach § 1 Abs. 11 S. 1 Nr. 7 KWG, nach der Einschätzung der BaFin. Hierfür ist es ausreichend, dass die Zahlungstoken problemlos zwischen den Nutzern übertragen werden können und ihnen nach der Strategie des Emittenten auf den bezogenen Verwendungsbereich, die Funktion eines Zahlungsmittels zukommt.

Security-Token, die schuldrechtliche Ansprüche vermögensrechtlichen Inhalts oder dividendenähnliche Zahlungen gegen den Emittenten verkörpern sowie untereinander austauschbar und handelbar sind, unterfallen meist als Finanzinstrumente, in Form eines Schuldtitels, eines Wertpapiers oder einer Vermögensanlage, dem Anwendungsbereich des § 1 Abs. 11 S. 1 Nr. 3 KWG.

---

[15]Fromberger/Haffke/Zimmermann, „Kryptowerte und Geldwäsche", BKR 2019, 385.

Handelt es sich also bei den zu betrachtenden Token um Finanzinstrumente i. S. v. § 1 Abs. 11 S. 1 KWG, kann der nachgelagerte Handel am Sekundärmarkt, je nach Ausgestaltung zum einen als Bankgeschäft, zum Beispiel als Finanzkommissionsgeschäft (§ 1 Abs. 1 S. 2 Nr. 4 KWG) oder Emissionsgeschäft (§ 1 Abs. 1 S. 2 Nr. 10 KWG) oder als Finanzdienstleistung, insbesondere als Anlagevermittlung, Anlageberatung, Betrieb eines multilateralen oder organisierten Handelssystems, Platzierungsgeschäft, Abschlussvermittlung, Finanzportfolioverwaltung oder Anlageverwaltung (§ 1 Abs. 1a S. 2 Nr. 1 bis 4, 11 KWG) qualifizieren und damit der Erlaubnispflicht der BaFin bedürfen.

Einer der geregelten Bereiche ist damit der Betrieb von Handelsplattformen. Die Erlaubnispflicht ist hierbei abhängig vom konkreten Geschäftsmodell, der Vertragsgestaltung sowie der technischen Umsetzung, die in diesen Fällen sehr unterschiedliche Erlaubnistatbestände des KWG oder auch des ZAG berühren können. Dabei ist der erlaubnispflichtige Eigenhandel ebenso vorstellbar, wie Anlage- und Abschlussvermittlung.

Weiter bedürfen sog. „Multilaterale Handelssysteme" einer BaFin-Lizenz. In diesem Fall bringt die Plattform mittels einer geeigneten Software automatisiert Käufer und Verkäufer eines Krypto-Geschäfts zusammen, wobei die Parteien nicht entscheiden können, ob sie den Kauf oder Verkauf mit einem bestimmten Vertragspartner abschließen wollen. Hierbei geht es lediglich um den Kauf oder Verkauf und nicht darum, dass die Transaktion mit einer bestimmten Person abgeschlossen wird.

Auch ist zu bedenken, dass sobald ein Dritter für einen Emittenten diese erlaubnispflichtigen Tätigkeiten ausübt, auch der Emittent selbst unter den Voraussetzungen des § 37 Abs. 1 S. 4 KWG mit als Adressat einbezogen werden kann, sollte es beispielsweise zu aufsichtsrechtlichen Verstößen kommen, mithin zu erlaubnispflichtigen Aktivitäten ohne entsprechende Lizenz.

Der Betrieb eines erlaubnispflichtigen Geschäfts ohne eine entsprechende Erlaubnis der BaFin steht in allen oben genannten Aufsichtsgesetzen unter Strafe, vgl. § 54 Abs. 1 Nr. 2 KWG, § 339 KAGB, § 63 Abs. 1 Nr. 4 und 5 ZAG. Die BaFin kann hierbei gegen den Dritten, wie auch gegen den Emittenten selbst vorgehen und infolgedessen die Beendigung des betriebenen Geschäftes verwaltungsrechtlich durchsetzen und entsprechende Maßnahmen publik machen.[16]

---

[16]BaFin Merkblatt zu Prospekt- und Erlaubnispflichten, S. 12.

Bei geldwäscherechtlichen Verstößen können hier sodann auch beiden Parteien hohe Bußgelder auferlegt werden. Seit Juni 2017 existiert die Financial Intelligence Unit (FIU) als deutsche Zentralstelle für Finanztransaktionsuntersuchungen. Ihre Aufgabe ist die Entgegennahme, Sammlung und Auswertung von Meldungen über verdächtige Transaktionen, die auf das Vorliegen einer Geldwäsche oder Terrorismusfinanzierung hindeuten.

3.2.2   Bisherige Rechtsprechung

Bisher spielten Kryptowährungen nur vereinzelt in der deutschen Rechtsprechung (in Strafprozessen) eine Rolle. So hatte der Bundesgerichtshof (BGH) einen Fall entschieden, bei dem der Angeklagte mithilfe eines Botnetzes Daten ausspähen und damit Bitcoins generieren wollte.[17] Zudem sind Kryptowährungen gelegentlich als Zahlungsmittel für illegale Produkte Gegenstand in Gerichtsentscheidungen.[18] Diese Entscheidungen ließen jedoch meist einen geldwäscherechtlichen Bezug missen, wenn auch hierbei der geldwäscherechtliche Verpflichtetenkreis in den §§ 2–4 GwG klarer ausgestaltet wurde.

Ein jüngstes Strafverfahren[19] war jedoch auch Anlass dafür, dass das Kammergericht Berlin (KG) sich das erste Mal zu der aufsichtsrechtlichen Frage äußerte, ob Bitcoin-Finanzinstrumente in Form von sogenannten Rechnungseinheiten (siehe oben) darstellen, was ja seit Jahren der Verwaltungspraxis der BaFin entspricht. Die BaFin nimmt an, dass sich Bitcoins als Rechnungseinheiten i. S. d. § 1 Abs. 11 S. 1 Nr. 7 Alt. 2 KWG und damit als Finanzinstrumente erfassen lassen. Demgegenüber hat das KG in einer Strafsache, die Einordnung als Finanzinstrument abgelehnt.

Das KG stellte sich damit mit seiner rechtskräftigen Entscheidung gegen die Auffassung der BaFin, dass es sich hierbei um Finanzinstrumente handeln müsste und verneinte die Eigenschaft als Rechnungseinheit. Hierfür fehle es dem Bitcoin an einer Vergleichbarkeit mit Devisen, da er kein allgemein anerkanntes Zahlungsmittel, nicht wertbeständig ist und es keinen zentralen Emittenten gibt.

---

[17]BGH Az.: 1 StR 412/16 – Entscheidung vom 27.07.2017.

[18]Hillebrand/Hötzel, Kryptotoken kommen in der Rechtsprechung an, Private Equity Magazin; BGH Az.: 4 StR 569/17, Entscheidung vom 06.06.2018.

[19]KG Az.: (4) 161 Ss 28/18 (35/18), Entscheidung vom 25.09.2018.

Darüber hinaus verkenne die BaFin, dass es nicht Aufgabe einer Bundesbehörde sei, rechtgestaltend in Strafgesetze einzugreifen. Weil es sich aber um ein Strafurteil und nicht um ein Urteil eines Verwaltungsgerichts handelt, ist die Entscheidung des KG für die BaFin nicht verbindlich. Diesbezüglich stellte die BaFin klar, dass es im Aufsichtsrecht einer weiteren Auslegung des Begriffs der Rechnungseinheiten bedürfe, als vergleichsweise im Strafrecht. Somit fordert(e) die Verwaltungspraxis der BaFin weiterhin eine Erlaubnis für die Erbringung von Finanzdienstleistungen rund um den Bitcoin ein.

Das neue Umsetzungsgesetz zur 5. Geldwäscherichtlinie

4

Im Anwendungsbereich des KWG kommt es (im Wesentlichen) zu zwei zentralen Neuerungen:

Zum einen wird die neue Legaldefinition von Kryptowährungen als sog. „Kryptowert" eingeführt. Zum anderen ein neuer Erlaubnistatbestand der Finanzdienstleistung zur Verwahrung eines solchen Kryptowertes, in Form des „Kryptoverwahrgeschäfts" ergänzt.

4.1 Der Begriff der Kryptowerte

Die Legaldefinition der Kryptowerte im Regierungsentwurf nimmt ausdrücklich auf den Begriff der „virtuellen Währung" (Art. 3 Nr. 18 Geldwäscherichtlinie) Bezug, geht jedoch noch einen Schritt weiter.

Die Kryptowerte werden in § 1 Abs. 11 S. 1 Nr. 10 KWG folgendermaßen definiert:

„Kryptowerte im Sinne dieses Gesetzes sind digitale Darstellungen eines Wertes, der von keiner Zentralbank oder öffentlichen Stelle emittiert wurde oder garantiert wird und nicht den gesetzlichen Status einer Währung oder von Geld besitzt, aber von natürlichen oder juristischen Personen aufgrund einer Vereinbarung oder tatsächlichen Übung als Tausch- oder Zahlungsmittel akzeptiert wird oder Anlagezwecken dient und der auf elektronischem Wege übertragen, gespeichert und gehandelt werden kann." Sowie weiter: „Keine Kryptowerte im Sinne dieses Gesetzes sind E-Geld im Sinne des § 1 Abs. 2 S. 3 ZAG oder ein monetärer Wert, der die Anforderungen des § 2 Abs. 1 Nr. 10 ZAG erfüllt oder nur für Zahlungsvorgänge nach § 2 Abs. 1 Nr. 11 ZAG eingesetzt wird".

© Springer Fachmedien Wiesbaden GmbH, ein Teil von Springer Nature 2020 23
A. Izzo-Wagner und L. M. Siering, *Kryptowährungen und geldwäscherechtliche Regulierung*, essentials, https://doi.org/10.1007/978-3-658-29981-1_4

Der Begriff der Kryptowerte ist an Anlehnung an die Legaldefinition der 5. Geldwäscherichtlinie weiter gefasst worden, sodass E-Geld-Dienste, die unter die sog. „Limited Range und Limited Network Ausnahme fallen sowie bestimmte Mehrwertdienste von TK-Anbietern explizit ausgenommen werden mussten, um Friktionen zum ZAG zu vermeiden".

Die Bezeichnung „virtuelle Währungen" bildet aber mit der Beschränkung auf „Tauschmittel" nur eine Teilmenge der am Markt befindlichen digitalen Werteinheiten ab, die zumeist als Token oder Coin bezeichnet werden und international unter dem Begriff der „Crypto-Assets" zusammengefasst werden.[1]

Gleichzeitig sieht auch der 10. Erwägungsgrund der Änderungsrichtlinie vor, dass alle potentiellen Anwendungsfälle von virtuellen Währungen abgedeckt werden sollen. Die Definition der Kryptowerte umfasst daher neben Token mit Tausch- und Zahlungsfunktion, die auch bisher schon als Rechnungseinheiten im Sinne von § 1 Abs. 11 S. 1 Nr. 7 KWG erfasst sind, auch zur Anlage dienende Token, z. B. sog. Security-Token und Investment-Token, die gegebenenfalls als Schuldtitel, Vermögensanlage oder Investmentvermögen nach § 1 Abs. 11 S. 1 Nr. 2, 3 und 5 KWG einzustufen sein können.

Im Gegensatz zum Coin sind die Einsatzbereiche für Token sehr weit gefächert. Dieser kann als Währung eingesetzt werden sowie als digitales Asset. Zudem gibt es auch Token als Gutscheine für Dienstleistungen.[2]

Von der Definition der Kryptowerte ausgeschlossen sind höchstwahrscheinlich reine Utility-Token, wenn die Handelbarkeit nicht gegeben ist. Der Regierungsentwurf erklärt hierzu:

> „nicht erfasst sind insbesondere reine elektronische Gutscheine auf Bezug von Waren oder Dienstleistungen des Emittenten oder eines Dritten im Austausch für die Leistung eines entsprechenden Gegenwerts, deren bestimmungsgemäß nur durch Einlösung gegenüber dem Emittenten eine wirtschaftliche Funktion zukommen soll und die daher nicht handelbar sind und aufgrund ihrer Ausgestaltung keine investorenähnliche Erwartungshaltung an die Wertentwicklung des Gutscheins oder an die allgemeine Unternehmensentwicklung des Emittenten oder eines Dritten wert- oder rechnungsmäßig abbilden".

---

[1]Vgl. u. a. Bericht des Financial Stability Board „Crypto-asset markets: Potential channels for future financial stability implications" vom 10.10.2018.

[2]Fromberger/Haffke/Zimmermann, „Kryptowerte und Geldwäsche", BKR 2019, 384.

Der Libra-Coin (Internetwährung von Facebook) hingegen dürfte ebenfalls hierunter fallen, da er handelbar ist.[3]

Nicht von der Definition erfasst sind schließlich in- und ausländisch gesetzliche Zahlungsmittel. Darüber hinaus werden E-Geld, Verbundzahlungssysteme und Zahlungsvorgänge von Anbietern elektronischer Kommunikationsnetze oder -dienste nicht erfasst. Damit wird dem 10. Erwägungsgrund der Änderungsrichtlinie entsprochen.

4.1.1   Neuerungen für Kryptodienstleistungen

Unmittelbare Folge der Einführung der Definition von Kryptowerten werden Finanzdienstleister, die Finanzdienstleistungen mit Kryptowerten erbringen, gemäß KWG zulassungspflichtig und damit auch geldwäscherechtlich Verpflichtete (siehe unter 4.2).

Eine weitere wesentliche Neuerung betrifft den Bereich der Kryptoverwahrung. Diese wird nach dem Gesetzesentwurf unter der neuen Definition als „Kryptoverwahrgeschäft" bezeichnet. Die neue Definition für das Kryptoverwahrgeschäft im § 1 Abs. 1a S. 2 Nr. 6 KWG lautet wie folgt:

> „die Verwahrung, die Verwaltung und die Sicherung von Kryptowerten oder privaten kryptographischen Schlüsseln, die dazu dienen, Kryptowerte zu halten, zu speichern oder zu übertragen, für andere (Kryptoverwahrgeschäft)".

Mit dem Änderungsgesetz wird somit auch die Verwahrung, die Verwaltung und die Sicherung von Kryptowerten oder privaten kryptographischen Schlüsseln, die dazu dienen, Kryptowerte zu halten, zu speichern oder zu übertragen, erfasst. Damit wird möglichen Ausweichbewegungen zum Beispiel auf die für die Nutzer risikoreichere Verwahrung der Kryptowerte bei den Anbietern selbst Rechnung getragen.

Nach dem Wortlaut der Vorschrift ist es nicht erforderlich, dass Kryptowerte oder private kryptographische Schlüssel, die dazu dienen, Kryptowerte zu halten, zu speichern oder zu übertragen, zugleich verwahrt, verwaltet und gesichert

---

[3]Godschalk, „Ist Libra E-Geld?" Payment, Technology & Law.

werden. Es genügt eine der Alternativen um die Erlaubnispflicht nach § 32 Abs. 1 S. 1 KWG auszulösen[4].

Eine Verwahrung im Sinne dieses Gesetzes bedeutet die Inobhutnahme der Kryptowerte als Dienstleistung für Dritte. Erfasst sind damit vor allem Dienstleister, die Kryptowerte ihrer Kunden in einem Sammelbestand aufbewahren, ohne dass Kunden selbst Kenntnis der dabei verwendeten kryptographischen Schlüssel haben. Verwalten ist im weitesten Sinne die laufende Wahrnehmung der Rechte des Kryptowertes.[5]

Unter Sicherung ist sowohl die als Dienstleistung erbrachte digitale Speicherung der privaten kryptographischen Schlüssel Dritter, als auch die Aufbewahrung physischer Datenträger, auf denen solche Schlüssel gespeichert sind, zu verstehen. Die bloße Zurverfügungstellung von Speicherplatz, z. B. durch Webhosting- oder Cloudspeicher-Anbieter, ist nicht tatbestandsmäßig, solange diese ihre Dienste nicht ausdrücklich für die Speicherung der privaten kryptographischen Schlüssel anbieten. Nicht erfasst ist auch die bloße Bereitstellung von Hard- oder Software zur Sicherung der Kryptowerte oder der privaten kryptographischen Schlüssel, die von den Nutzern eigenverantwortlich verwendet werden, um Transaktionen im Netzwerk durchführen zu können.[6] Insbesondere haben diese Dienstleister keinen Zugriff auf die kryptographischen Schlüssel.[7] Dazu führt die BaFin in ihrem Merkblatt zum Kryptoverwahrgeschäft weiter aus, dass stets die durch die Obhut über den privaten kryptografischen Schlüssel gegebene Zugriffsmöglichkeit auf die öffentlichen Adressen, unter denen die Kryptowerte dezentral gespeichert werden, entscheidend ist.[8]

Erfasst werden (im Interesse einer umfassenden Geldwäscheprävention) alle digitalen Wertdarstellungen im Sinne des neuen § 1 Abs. 11 S. 1 Nr. 10 KWG. Da die diversen Gruppen von Finanzinstrumenten mehr oder weniger große Schnittmengen bilden, können Kryptowerte aufgrund ihrer konkreten Ausgestaltung im

---

[4]Regierungsentwurf zur Umsetzung der Änderungsrichtlinie zur Vierten EU-Geldwäscherichtlinie, Drucksache 19/13827, S. 124.

[5]Regierungsentwurf zur Umsetzung der Änderungsrichtlinie zur Vierten EU-Geldwäscherichtlinie, Drucksache 19/13827 S. 125.

[6]Müller, „Kryptowerte und Kryptoverwahrung: Hauruck-Regulierung im nationalen Alleingang – Streit vorprogrammiert.".

[7]Regierungsentwurf zur Umsetzung der Änderungsrichtlinie zur Vierten EU-Geldwäscherichtlinie, Drucksache 19/13827 S. 125.

[8]BaFin Merkblatt v. 02.03.2020; „Hinweise zum Tatbestand des Kryptoverwahrgeschäfts", S. 4.

Einzelfall zugleich auch einer anderen Kategorie des Finanzinstrumentenbegriffs im Sinne des § 1 S. 1 Nr. 11 KWG zugeordnet sein. Soweit Kryptowerte als Wertpapiere ausschließlich für alternative Investmentfonds im Sinne des § 1 Abs. 3 KAGB verwaltet oder verwahrt werden, unterfällt die Tätigkeit der spezielleren Regelung des eingeschränkten Verwahrgeschäfts im Sinne des § 1 Abs. 1a S. 2 Nr. 12 KWG. Wenn Kryptowerte unter den Wertpapierbegriff des Depotgesetzes fallen, ist die Verwahrung ein Depotgeschäft im Sinne des § 1 Abs. 1 S. 2 Nr. 5 KWG, während § 1 Abs. 1a S. 2 Nr. 6 KWG dahinter zurücktritt[9].

Die Variante des § 1 Abs. 11 S. 1 Nr. 10 KWG ist hierbei aber hauptsächlich als Auffangtatbestand konzipiert, da aufgrund der vielfältigen Ausgestaltungen von Kryptowerten, diese bereits unter eine der anderen Nummern von § 1 Abs. 11 S. 1 KWG fallen können. Gleichzeitig sind die bestehenden Nummern nicht ausreichend, um wie vom 10. Erwägungsgrund der Änderungsrichtlinie vorgesehen, alle potentiellen Anwendungsfälle von virtuellen Währungen abzudecken.[10]

Folge der neuen Regulierung ist es, dass künftig das Betreiben des Kryptoverwahrgeschäfts also immer einer Erlaubnis der BaFin bedürfen wird. Betroffen sind hiervon dann die Dienstleister, welche Kryptowerte für Dritte in Obhut nehmen, ohne dass die Dritten hiervon selbst Kenntnis der dabei verwendeten kryptographischen Schlüssel haben, für Dritte laufend im weiteren Sinne die Rechte aus dem Kryptowert wahrnehmen oder private kryptographische Schlüssel Dritter entweder digital speichern oder gegenständliche Datenträger aufbewahren, auf denen solche Schlüssel gespeichert sind.

Insgesamt scheint es sinnvoll, die Dienstleister unter Aufsicht zu stellen, die Zugriff auf sensible Daten haben, wie z. B. private kryptographische Schlüssel, um den Kundenschutz zu garantieren und ebenfalls Risiken vorzubeugen. Schließlich wird mit den aufsichtsrechtlichen Anforderungen der notwendige Kundenschutz sichergestellt, der im Hinblick auf die nicht unerheblichen Risiken für die Kunden beim Kryptoverwahrgeschäft erforderlich ist.[11] Bedingt durch die Aufsichtspflicht kann zudem auch der Geldwäsche vorgebeugt werden, da nunmehr Kontrollinstanzen zwischengeschaltet sind als vorher.

---

[9]Regierungsentwurf zur Umsetzung der Änderungsrichtlinie zur Vierten EU-Geldwäscherichtlinie, Drucksache 19/13827 S. 125.

[10]Regierungsentwurf zur Umsetzung der Änderungsrichtlinie zur Vierten EU-Geldwascherichtlinie, Drucksache 19/13827 S. 125.

[11]Regierungsentwurf zur Umsetzung der Änderungsrichtlinie zur Vierten EU-Geldwäscherichtlinie, Drucksache 19/13827, S. 124.

Auf praktischer Ebene muss differenziert werden, wer genau unter diesen Tatbestand fallen wird. Diesbezüglich muss einerseits bei den Wallets, die angeboten werden, unterschieden werden. Eine Unterscheidung kann hier zum Beispiel zwischen Online- und Offline-Wallet getroffen werden. Hierbei hat erstere eine stete Verbindung zum Internet, während dies bei der anderen nicht der Fall ist. Auch muss bei den genutzten Third-Party-Wallet Anbietern unterschieden werden und welche Auswirkungen dies in Deutschland hat. Somit würden Verwalter nur unter den Begriff des Kryptoverwahrgeschäftes fallen, wenn sie auch den privaten kryptographischen Schlüssel in ihre Wallet mit aufnehmen.[12] Sollte hingegen der Nutzer seinen privaten Schlüssel selbst behalten, behält er sich eine gewisse Autonomie bei und der Verwalter fällt nicht mehr hierunter.[13]

Fraglich ist, ob dies zu einer Benachteiligung derer führt, die die Verwahrung von beidem im Angebot haben. Da sich die meisten Teilnehmer am Markt jedoch nicht mit dem Kryptoverwahrgeschäft auseinandersetzen, dürften somit bei dem Hauptteil der Anbieter, die Krypto-Assets mit dem privaten Schlüssel in einer Wallet enthalten sein. Der Gesetzgeber hat sich aus aufsichtsrechtlichen Gründen für eine Erlaubnispflicht entschieden, denn die Verwahrung und Sicherung von privaten kryptographischen Schlüsseln durch andere, geht mit erheblichen Risiken einher.[14]

Ebenfalls werden die meisten Geschäftsmodelle überdacht werden müssen, wenn andere Dienstleistungen neben der Kryptoverwahrung angeboten werden sollen. Ursprünglich sollte dies nach einem zwischenzeitlichen Entwurf des Gesetzes nicht mehr möglich sein.[15] Der Entwurf sah in § 32 Absatz 1g KWG vor, die Erlaubnis für das Kryptoverwahrgeschäft im Sinne des § 1 Abs. 1a S. 2 Nr. 6 KWG nur zu erteilen, wenn das Unternehmen oder das Institut keine anderen erlaubnispflichtigen Tätigkeiten nach diesem Gesetz erbringt. Diese Trennung sollte insbesondere sicherstellen, dass die IT-bezogenen Risiken des Kryptoverwahrgeschäfts nicht auf andere, parallel erbrachte Bankgeschäfte oder Finanzdienstleistungen durchschlagen.

---

[12]Fromberger/Haffke/Zimmermann, „Kryptowerte und Geldwäsche", BKR 2019, 386.

[13]Regierungsentwurf zur Umsetzung der Änderungsrichtlinie zur Vierten EU-Geldwäscherichtlinie, Drucksache 19/13827, S. 125.

[14]Regierungsentwurf zur Umsetzung der Änderungsrichtlinie zur Vierten EU-Geldwäscherichtlinie, Drucksache 19/13827, S. 124 f.

[15]Regierungsentwurf zur Umsetzung der Änderungsrichtlinie zur Vierten EU-Geldwäscherichtlinie, Drucksache 19/13827, S. 36.

Diese gesetzgeberische Lösung stieß auf Kritik seitens des Bundesrates, da zum Zeitpunkt des Gesetzesentwurfes noch nicht nachvollziehbar war, welche Geschäftsmodelle Marktteilnehmer verfolgen würden und es denkbar erschien, dass etwaige Modelle nur unter Verbindung des Kryptoverwahrgeschäfts mit anderen erlaubnispflichtigen Tätigkeiten wirtschaftlich tragfähig wären.[16] Auf Beschlussempfehlung[17] des Finanzausschusses des Bundestages wurde dieser Absatz 1g jedoch aus dem Gesetzesentwurf gestrichen und wird daher keine Berücksichtigung in der konsolidierten Fassung mehr finden. Demnach wird der Grundsatz beibehalten, dass „Vollbanken" grundsätzlich alle Bankgeschäfte, Finanzdienstleistungen, das E-Geld-Geschäft und Zahlungsdienste erbringen dürfen. Etwaig entstandene Pläne von betroffenen Finanzdienstleistern, die Kryptoverwahrung auf ein ausgegliedertes Tochterunternehmen mit eigens beantragter Lizenz zu übertragen, oder auf spezialisierte Wallet-Anbieter zu übertragen sind damit hinfällig geworden.

Zusätzlich hinzugefügt wurden durch die Beschlussempfehlung des Finanzausschusses jedoch verschiedene Privilegierungen für Finanzdienstleister, die außer dem Kryptoverwahrungsgeschäft keine weiteren Finanzdienstleistungen i.S.d. § 1 Absatz 1a Satz 2 KWG (n.F.) erbringen. Solche Unternehmen sollen künftig nur eingeschränkt den ergänzenden Eigenkapitalanforderungen und Offenlegungspflichten der §§ 10 ff. sowie 24 ff. KWG unterliegen und zudem andere regulatorische Erleichterungen erhalten.[18] Insbesondere nennenswert sind hierfür die Anforderungen der Eignung der Geschäftsleiter, ordnungsgemäße Geschäftsorganisation (einschließlich der Anwendbarkeit von § 25a KWG und damit auch der MaRisk und der BAIT) sowie Anzeige- und Meldepflichten, bspw. zur Finanzsituation, beim Absinken des Anfangskapital unter die Mindestanforderung.[19] Diese Neuerung wurde vor dem Hintergrund hinzugefügt, dass

---

[16]Bericht des Finanzausschusses (7. Ausschuss) zu dem Regierungsentwurf zur Umsetzung der Änderungsrichtlinie zur vierten Geldwäscherichtlinie, Drucksache 19/15196; S. 51.

[17]Beschlussempfehlung des Finanzausschusses (7. Ausschuss) zu dem Regierungsentwurf zur Umsetzung der Änderungsrichtlinie zur vierten Geldwäscherichtlinie, Drucksache 19/15163.

[18]Beschlussempfehlung des Finanzausschusses (7. Ausschuss) zu dem Regierungsentwurf zur Umsetzung der Änderungsrichtlinie zur vierten Geldwäscherichtlinie, Drucksache 19/15163 S. 74, § 2 Absatz 7b.

[19]Beschlussempfehlung des Finanzausschusses (7. Ausschuss) zu dem Regierungsentwurf zur Umsetzung der Änderungsrichtlinie zur vierten Geldwäscherichtlinie, Drucksache 19/15163, S. 51.

Kryptoverwahrer ganz überwiegend lediglich operationellen Risiken ausgesetzt sind und es daher nicht erforderlich erschien, dass auf Kryptoverwahrer die Regelungen des KWG sowie der CRR vollständige Anwendung finden sollten.

Mit der Neueinfügung und der damit einhergehenden Änderung der regulatorischen Erfordernisse wird das Geschäft für Start-Ups und kleineren sowie mittelgroßen Unternehmen, die eine Kryptoverwahrung beabsichtigen, massentauglicher gemacht. Zwar müssen immer noch vielen regulatorischen Erfordernissen genüge getan werden, jedoch wird eine große regulatorische sowie bürokratische Einstiegshürde genommen. Damit wird zu einer freien Entwicklung des Marktes verholfen und einer Regulierungsarbitrage vorgebeugt.

Ob das Depotgeschäft bei den Banken bleibt oder sich durch die Neuerung von ihnen abspalten wird, hängt wahrscheinlich in Zukunft von der Verbriefung ab. Ein Depotgeschäft dürfte somit nur noch bei Verbriefungen angenommen werden, während ein Kryptoverwahrgeschäft dann vorliegt, wenn keine Verbriefung erfolgt. Mangels Verbriefung würden diese Wertpapiere nicht unter das Depotgesetz fallen, sondern unter den Begriff des Kryptowertes. Das hätte zur Folge, dass Banken diese Wertpapiere nicht länger für Dritte verwahren und damit das Depotgeschäft im Hinblick auf diese Kryptowerte nicht mehr betreiben dürften.

Keine Änderung ergibt sich, wenn Kryptowerte unter den Wertpapierbegriff des Depotgesetzes fallen. Dann ist die Verwahrung Depotgeschäft im Sinne des § 1 Abs. 1 Satz 2 Nr. 5 KWG und § 1 Abs. 1a S. 2 Nr. 6 KWG tritt dahinter zurück.[20]

Mit den Änderungen zu nicht verbrieften Kryptowerten wird das Depotgeschäft als klassische Bankdomäne infrage gestellt. Nach dem Inkrafttreten des Gesetzes könnte die Verwahrungsmöglichkeit nun aber zu moderneren Unternehmen übergehen. Zusätzlich würde somit auch ein Unterschied in der Regulatorik bezüglich des Kryptoverwahrgeschäfts auftreten. Während sich Banken und andere Finanzinstitute an viel strengere Regulationsvorschriften halten müssten, könnten kleine Kryptoverwahrgesellschaften diesbezüglich einen viel größeren Freiraum genießen, da sie viel mildere Bestimmungen zu beachten hätten.

Wenn nun also angenommen wird, dass zukünftig alle Wertpapiere tokenisiert und nicht länger verbrieft werden und diese Wertpapiere nur noch von Kryptoverwahrern gesichert werden dürfen, müssen diese lediglich ein Anfangskapital

---

[20]Regierungsentwurf zur Umsetzung der Änderungsrichtlinie zur Vierten EU-Geldwäscherichtlinie, Drucksache 19/13827, S. 109.

von 125.000 EUR nachweisen und unterliegen des Weiteren nicht den strengen Anforderungen an das Eigenkapital, so wie es bei Banken der Fall ist.

Dieser gesetzgeberische Anreiz zur Trennung vom Kryptoverwahrgeschäft und anderen Dienstleistungen könnte aber auch ein Problem für Start-Ups darstellen. Diese könnten sich sodann nicht mehr auf die Expertise von Finanzinstituten verlassen, die meistens schon einen regulatorischen Rahmen diesbezüglich vorweisen. Hiermit dürfte somit eher ein künstlicher Keil zwischen beide getrieben werden.

Kurzfristig besteht schließlich noch das Problem, dass es noch keinen Anbieter gibt, der sich auf das Kryptoverwahrgeschäft spezialisiert hat und bei dem zuverlässig und absehbar ist, dass er rechtzeitig eine Erlaubnis zur Erbringung der Kryptoverwahrung von der BaFin erhält. Während Banken bisher auf die anderen Dienstleistungen zurückgreifen konnten, um ihrer Tätigkeit nachzukommen, müssten Unternehmen, die nur das Kryptoverwahrgeschäft anbieten, einen so großen Kundenkreis generieren, dass dieser für ihr finanzielles Überleben genügt.

Während die Erlaubnispflicht grundsätzlich ab dem 01.01.2020 gilt, wird mit § 64y KWG ein zusätzlicher Paragraph eingeführt, der Übergangsvorschriften zum Umsetzungszeitraum des Änderungsgesetzes enthält. Diese räumen einen gewissen Bestandsschutz ein, indem sie eine übergangsweise erlaubte Tätigkeit bis zur Bestandkraft der Entscheidung über den Erlaubnisantrag für das betroffene Unternehmen garantieren.[21]

Um unter die Norm zu fallen, muss bereits vor dem 01.01.2020 das Kryptoverwahrgeschäft betrieben werden, ein Antrag innerhalb von sechs Monaten nach Inkrafttreten des Gesetzes bei der BaFin eingereicht werden und die Absicht einen Erlaubnisantrag stellen zu wollen bis zum 01.02.2020 bei dieser angezeigt werden. Zur Erleichterung der Problematik hat die BaFin jedoch durch Veröffentlichung[22] bekanntgegeben, dass sie Interessenbekundungen von Unternehmen entgegen nimmt, um diesen nähere Informationen und Hinweise mitzugeben, sobald die BaFin Ihre Verwaltungspraxis zur Zulassung sowie laufenden Aufsicht konkretisiert hat.

Durch eine weitere Veröffentlichung[23] führt die BaFin konkretisierend zur Verwaltungspraxis der Übergangsregelung des § 64y KWG aus. So gilt für ein Unternehmen, welches auf Grund des neuen § 1 Abs. 1a S. 2 Nr. 6 KWG am

---

[21]Veröffentlichung vom 04.12.2019, BaFin nimmt Interessenbekundungen entgegen.

[22]BaFin a. a. O.

[23]BaFin, Hinweise zur Auslegung des § 64y KWG.

01.01.2020 zum Finanzdienstleistungsinstitut wird, die Erlaubnis für den Betrieb des Kryptoverwahrgeschäfts, als zu diesem Zeitpunkt für vorläufig erteilt, wenn es bis zum 30.06.2020 einen vollständigen Erlaubnisantrag nach § 32 Abs. 1 S. 1 und 2 KWG, auch in Verbindung mit einer Rechtsverordnung nach § 24 Abs. 4 KWG stellt und wenn es die Absicht, einen Erlaubnisantrag zu stellen, bis zum 01.02.2020 der BaFin schriftlich anzeigt. Soweit ein Unternehmen bereits über eine KWG-Erlaubnis für das Betreiben von Bank- oder Finanzdienstleistungs-geschäften verfügt und bereits das Kryptoverwahrgeschäft erbringt, gilt § 64y Abs. 1 KWG analog.[24]

Für ein Unternehmen, welches auf Grund der Erweiterung des Begriffs des Finanzinstruments im Sinne des § 1 Abs. 11 KWG um Kryptowerte am 01.01.2020 eine Erlaubnis nach § 32 Abs. 1 S. 1 KWG benötigt, gilt die Erlaub-nis für das Betreiben der nunmehr nach diesem Gesetz erlaubnispflichtigen Geschäfte, als zu diesem Zeitpunkt für vorläufig erteilt, wenn es bis zum 30.06.2020 einen vollständigen Erlaubnisantrag nach § 32 Abs. 1 S. 1 und 2 KWG, auch in der Verbindung mit einer Rechtsverordnung nach § 24 Abs. 4 KWG, stellt und wenn es die Absicht, einen Erlaubnisantrag zu stellen, bis zum 01.02.2020 der BaFin schriftlich anzeigt.

Für ausländische Unternehmen, die der Erlaubnispflicht nach § 32 Abs. 1 KWG unterfallen, wenn sie das Kryptoverwahrgeschäft i.S.d. § 1 Abs. 1a Satz 2 Nr. 6 KWG grenzüberschreitend im Inland erbringen, kann § 64y Abs. 1 KWG ebenso in Anspruch genommen werden. Es muss jedoch sichergestellt werden, dass keine Versagungsgründe nach § 33 Abs. 1 Satz 1 Nr. 6 oder Abs. 2 KWG bestehen.[25]

Die Übergangsfrist läuft bis zur Bestandskraft der Entscheidung über den Erlaubnisantrag. Damit soll unter Berücksichtigung der neuen Erlaubnispflicht in diesem Bereich zeitnah und transparent ein angemessener Übergang ermöglicht werden.[26] Die Übergangfrist ist jedoch sehr kurz. Allein die Zusammenstellung der einzureichenden Antragsunterlagen, die Suche nach zuverlässigen und fachlich geeigneten Geschäftsleitern, die Inhaberkontrolle, die Schaffung der erforderlichen organisatorischen Vorkehrungen für einen ordnungsgemäßen Geschäftsbetrieb sowie zuverlässige Compliance- und Risikomanagementprozesse erfordern eine

---

[24]BaFin, a. a. O.

[25]BaFin a. a. O.

[26]Regierungsentwurf zur Umsetzung der Änderungsrichtlinie zur Vierten EU-Geldwäscherichtlinie, Drucksache 19/13827, S. 127.

gute Strukturierung und Herangehensweise, um diese rechtzeitig zu erfüllen. Hierfür werden die Unternehmen auf professionelle rechtliche Unterstützung angewiesen sein, um die Beantragung im Rahmen der Übergangsfrist bewerkstelligen zu können.[27]

4.2 Änderungen bezüglich des GwG

Durch das Änderungsgesetz soll im GwG hauptsächlich der Verpflichtetenkreis der geldwäscherechtlich Regulierten erweitert werden. Wie bereits oben im Abschnitt zum KWG dargestellt, sollen nun insbesondere auch Dienstleister im Bereich der virtuellen Währungen, der „Kryptowerte", in die Pflicht genommen werden. Grund hierfür ist, dass diese aufgrund ihrer Anonymität ein hohes Missbrauchspotential aufweisen.[28]

4.2.1 Neuerungen für Kryptowährungen und Kryptodienstleister

Bisher wurde der gewerbliche Handel von Kryptowerten, welche keine Rechnungseinheiten sind und zugleich nicht unter § 1 Abs. 11 Nr. 7 KWG fallen, nicht geldwäscherechtlich erfasst. Um aber schließlich alle Verwendungsformen von virtuellen Währungen zu erfassen, sieht der Gesetzesentwurf, hier noch im Einklang mit der Änderungsrichtlinie, die Schaffung des weiten Begriffs des Kryptowertes vor.

Damit fallen durch die Einfügung dieser Definition in der Form eines Auffangtatbestandes in Zukunft auch Unternehmen, die die Verwahrung von jeglichen Krypto-Assets und Kryptoschlüsseln angeboten haben voraussichtlich in den Regelungsbereich des GwG.

Dies soll sich ebenfalls durch die nunmehr damit einhergehende Regulierung von Blockchain-Intermediären ändern. Die jeweils zuständigen mitgliedstaatlichen Behörden sollen so in die Lage versetzt werden, „die Verwendung virtueller Währungen mittels Verpflichteter zu überwachen". Auf diese Weise

---

[27]Müller, Kryptowerte und Kryptoverwahrung: Hauruck-Regulierung im nationalen Alleingang – Streit vorprogrammiert.

[28]Europäische Kommission, Strengthened EU rules to prevent money laundering and terrorism financing, 2018.

sollen möglichst viele Informationen gewonnen werden, die es ermöglichen, die öffentlichen Schlüssel von Netzwerkteilnehmern mit den dahinterstehenden Identitäten zu verknüpfen.[29]

In Folge der Einführung der Definition von Kryptowerten werden Finanzdienstleister, die Finanzdienstleistungen des § 1 Abs. 1a KWG mit Kryptowerten erbringen, gem. § 32 KWG zulassungspflichtig und gem. § 2 Abs. 1 Nr. 2 GwG auch geldwäscherechtlich Verpflichtete. Dies sind insbesondere Kryptowechselstellen und Kryptobörsen, vgl. § 1 Abs. 1a S. 2 Nr. 1b, 1d, 4 KWG. Dafür reicht es aus, wenn diese Finanzdienstleistungen in Bezug auf einen Kryptowert erbringen.[30]

Vom deutschen Gesetzestext ausgehend, ist aber mithin nur von verwahrenden Wallet-Providern auszugehen. Dies nimmt Bezug darauf, dass die meisten am Markt existierenden Wallet-Provider verwahrende Funktionen anbieten, wodurch mit der neuen Regulierung dieser Bereich hinreichend geldwäscherechtlich reguliert wird.

Der Kreis der geldwäscherechtlich Verpflichteten ist abschließend in § 2 Abs. 1 GwG normiert. Diese können neben den geldwäscherechtlichen Verpflichtungen zudem Adressaten von Pflichten sein, die in anderen Gesetzen, z. B. KWG oder ZAG, statuiert sind. Zur Vermeidung unnötiger Doppelungen nimmt § 2 Abs. 1 GwG daher auf bestehende Definitionen dieser anderen Gesetze Bezug. Der Regierungsentwurf nimmt aufgrund dieser Systematik in § 2 Abs. 1 GwG mit Bezug auf Kryptowerte keine Änderungen vor, sondern ändert und ergänzt hierzu die maßgeblichen Bestimmungen im KWG.[31]

Vorliegend könnte sich aber ein Umsetzungsdefizit ergeben, bezogen auf die Fälle des Ausgebens und Emittierens von Kryptowährungen, da diese nach dem Gesetzesentwurf keine Finanzdienstleistungen darstellen. Um ein Defizit zu vermeiden, müsste § 1 Abs. 1 Nr. 2 GwG europarechtskonform erweitert ausgelegt werden. Hierdurch würde ein Emittent von Kryptowährungen einem Finanzdienstleistungsinstitut nach § 1 Abs. 1a KWG geldwäscherechtlich gleichzustellen sein, auch wenn er die Tätigkeit hier nicht konkret ausführt.[32] Zwar wird unter die 5. Geldwäscherichtlinie unter „virtuelle Währungen" nur echte Kryptowährungen

---

[29]Richtlinie (EU) 2018/843 des Europäischen Parlaments und des Rates vom 30.05.2018, Erwägungsgrund 9.

[30]Fromberger/Haffke/Zimmermann, „Kryptowerte und Geldwäsche", BKR 2019, 386.

[31]Fromberger/Haffke/Zimmermann, „Kryptowerte und Geldwäsche", BKR 2019, 384.

[32]Haffke/Fromberger/Zimmermann, „Kryptowerte und Geldwäsche", BKR 2019, 385–386.

subsumiert werden können, nichtsdestotrotz hat sich der deutsche Gesetzesentwurf dazu entschieden, sämtliche Tokenarten als Kryptowerte einheitlich zu behandeln, wodurch auch hier ein Gleichlauf hergestellt werden sollte.

Ebenfalls wurde es bisher unterlassen, die Tumbler-Dienste insbesondere mit zu verpflichten. Diesbezüglich wäre eine Klarstellung noch zu begrüßen, um entsprechende Dienste als Finanzdienstleistungsinstitute zu qualifizieren, wodurch dieser missbrauchsbelastete Bereich ebenfalls der geldwäscherechtlichen Regulierung unterfallen würde.[33]

---

[33]Fromberger/Haffke/Zimmermann, „Kryptowerte und Geldwäsche", BKR 2019, 386.

Zusammenfassung 5

Obwohl Blockchain-basierte „Zahlungs- und Investitionsmittel" kein techno-logisches Neuland mehr darstellen, so ist dieser Bereich in vielen Aspekten juristisch noch immer unzureichend geregelt. Viele Rechtsfragen sind bis heute nicht zufriedenstellend geklärt worden und erwarten vielmehr immer noch einer Antwort durch den Gesetzgeber und die Rechtsprechung. Viele prognostizieren deshalb eine Herausbildung einer „lex cryptographia".[1]

Während die 5. Geldwäscherichtlinie lediglich eine Umsetzung von geldwäscherechtlichen Regulierungen bezüglich Krypto-Handelsplattformen für virtuelle Währungen und Wallet-Provider verlangt, geht die deutsche Regelung noch einen Schritt weiter. Während die Herangehensweise der Richtlinie not-wendig und sinnvoll erscheint, um speziell gegen die Anonymität vorzugehen und den Kundenschutz bei eben genannten Handelsplattformen zu stärken, regelt das deutsche Änderungsgesetz den Bereich nicht nur weiter, sondern im Ergebnis auch strenger.

Vorzugswürdiger wäre es gewesen, nur die Voraussetzungen der Richt-linie umzusetzen und vielleicht auf eine einheitliche europäische Lösung dieser Thematik zu warten.[2] Dennoch ist die Herangehensweise vom deutschen Gesetz-geber von der EU nicht ungewollt, da sie sich ansonsten selbst schon durch eine Verordnung dieser Thematik angenommen hätte und es nicht gerade den Mitgliedstaaten mit überlassen hätte, sich selbst der Materie im Rahmen der 5. Geldwäscherichtlinie anzunehmen.

---

[1]Omlor, „Kryptowährungen im Geldrecht", ZHR 2019, S. 297.
[2]Müller, Kryptowerte und Kryptoverwahrung: Hauruck-Regulierung im nationalen Allein-gang – Streit vorprogrammiert.

© Springer Fachmedien Wiesbaden GmbH, ein Teil von Springer Nature 2020
A. Izzo-Wagner und L. M. Siering, *Kryptowährungen und geldwäscherechtliche Regulierung,* essentials, https://doi.org/10.1007/978-3-658-29981-1_5

Obwohl die neue geldwäscherechtliche Regulierung sowohl Zahlungs-token, als auch die meisten anderen Tokenarten mit umfasst und somit weiter-gehen dürfte, als es die Voraussetzungen der 5. Geldwäscherichtlinie voraussetzt, werden dennoch bei den Blockchain-Intermediären nicht alle Gruppen aus-reichend miterfasst; wie z. B. Tumbler-Dienste.

Ein einheitliches Kryptogesetz wäre aber gerade in Bezug auf Start-Up-Unternehmen wünschenswert gewesen. Gerade die Übergangsvorschrift des § 64y KWG ist trotz der guten Intention nur in geringem Maße als eine tat-sächliche Unterstützung zu sehen.

Für Banken werden Änderungen in diesem Sinne nicht eintreten, da sie hin-sichtlich Kryptogeschäften weiterhin die geldwäscherechtliche Compliance durchführen müssen. Nun wird sich mit dem Depotgeschäft zeigen, wie sich die Neuregulierung auf das Bankengeschäft auswirkt.

Ausblick 6

Mit Blick auf die Zukunft sollte dennoch beachtet werden, dass die Thematik dringend einer einheitlichen Regulierung bedarf, allein schon um einem EU-internen regulatorischen Flickenteppich zu vermeiden. Die Schaffung eines einheitlichen Rechtsrahmens wäre zudem im Bereich des tatsächlich Möglichen, wie es auch schon bei der MiFID II und PSD2 (im Großen und Ganzen) gelungen ist. Ein erster europäischer Vorstoß in diese Richtung erging im Rahmen der Konsultation für die Schaffung eines EU Rahmenwerks für den Kryptomarkt am 19.12.2019 durch die EU Kommission.[1] Durch die öffentliche Konsultation wird zuerst versucht, bereits vorhandene Denkvorstöße der Öffentlichkeit zu sammeln, um dann ein breites Spektrum möglicher Gesetzgebungsinitiativen überdenken zu können.

Dass es sich bei digitalen „Währungen" um einen Bereich handelt, der nicht ignoriert werden kann, lässt sich allein auf die technisch immer weiter fortschreitende Entwicklung stützen. Dass Deutschland, wie auch die EU die gleichen Ziele mit ihren jeweiligen Bestimmungen verfolgen, lässt zumindest darauf hoffen, dass bald auch eine europaweit harmonisierte Verordnung erlassen werden könnte.

Wie sich nun aber der Markt hinsichtlich von Kryptowährungen und Kryptodienstleistungen genau in Deutschland, nach dem Inkrafttreten des Änderungsgesetzes, entwickeln wird bleibt abzuwarten. Insbesondere wird sich zeigen, ob der erfolgte Vorstoß in diesen Bereich sich nachhaltig auf das klassische Bank-

---

[1]Europäische Kommission, Consultation Document On an EU framework for markets in crypto-assets.

© Springer Fachmedien Wiesbaden GmbH, ein Teil von Springer Nature 2020   39
A. Izzo-Wagner und L. M. Siering, *Kryptowährungen und geldwäscherechtliche Regulierung,* essentials, https://doi.org/10.1007/978-3-658-29981-1_6

geschäft einerseits und die Entwicklung der Krypto-Branche andererseits auswirken wird.

Dieser Vorstoß ist einerseits unter den Gesichtspunkten von „Rechtssicherheit" und „Anlegerschutz" wünschenswert, birgt andererseits jedoch auch Gefahren für den deutschen Kryptomarkt. Der schmale Grat zwischen Anlegerschutz und Überregulierung mit der Gefahr zu Abwanderung von Kryptounternehmen auf außereuropäische oder auch nicht-deutsche Märkte, wird den Gesetzgeber und damit auch die Branche voraussichtlich noch lange beschäftigen.

Naturgemäß erschweren wird in dieser Phase der Unsicherheiten der Widerspruch zwischen den Entwicklungsgeschwindigkeiten der verschiedenen Prozesse und Ergebnisse.

Gegenüber stehen sich hier auf der einen Seite eine chancenreiche, technologische Entwicklung, die in der globalisierten, digitalen Welt schnell Verbreitung findet, verändert wird und in vielen verschiedenen Erscheinungsformen Payment, Verträge und den Wertpapierhandel zu verändern versucht. Auf der anderen Seite steht die Legislatur – auf nationalen und supranationaler Ebene – deren Charakteristikum es ist, einen langwierigen und schwierigen Prozess der Abstimmung und Entscheidungsfindung zu beinhalten.

Dabei darf das Vorantreiben des modernen Bank- und Kreditgeschäfts nicht verhindert, die Bekämpfung von Geldwäsche, Terrorismusfinanzierung und die Verhinderung makroökonomischer Gefahren nicht begünstigt werden.

Diesem die Waage zu halten, wird eine weitere große Herausforderung dabei, Deutschland und Europa im Zuge von „Industrie 4.0" wettbewerbsfähig zu erhalten.

Was Sie aus diesem *essential* mitnehmen können

- Das vielfältige Spektrum möglicher Einsatzgebiete von Kryptowährungen hat nicht nur neue Möglichkeiten der Bezahlung geschaffen. Als verschiedenartige „Token" haben sie auch Eingang zu den Kapitalmärkten gefunden und werden dort als Mittel zur Unternehmensfinanzierung zunehmend beliebter
- Eine EU-Verordnung gibt es bisher noch nicht, sie erscheint jedoch aufgrund verschiedener Gesichtspunkte als vorteilhaft, erste dahingehende Ambitionen zeichnen sich seit Dezember 2019 ab
- Der europäische Gesetzgeber hat mit der 5. Geldwäscherichtlinie einen wünschenswerten Vorstoß in Richtung einer einheitlichen Regulierung geleistet
- Das Umsetzungsgesetz zur 5. Geldwäscherichtlinie bringt einige deutsche Besonderheiten mit sich
- Der Begriff des Kryptowertes wird erstmalig in § 1 Abs. 11 S. 1 Nr. 10 KWG definiert
- Das Kryptoverwahrgeschäft ist seit dem 01.01.2020 erlaubnispflichtig und steht unter Aufsicht der BaFin
- Diese aufsichtsrechtliche Besonderheit ist europäisch einmalig und sorgt damit für ein strengeres regulatorisches Umfeld als die europäische Regulierung
- Die Folgen dieser Handhabe sind noch nicht abzusehen.

© Springer Fachmedien Wiesbaden GmbH, ein Teil von Springer Nature 2020   41
A. Izzo-Wagner und L. M. Siering, *Kryptowährungen und geldwäscherechtliche Regulierung,* essentials, https://doi.org/10.1007/978-3-658-29981-1

Literatur

1. BaFin: Bitcoins: Aufsichtliche Bewertung und Risiken für Nutzer, Dezember 2013 https://www.bafin.de/SharedDocs/Veroeffentlichungen/DE/Fachartikel/2014/fa_bj_1401_bitcoins.html Zuletzt abgerufen am 03.03.2020.
2. BaFin Merkblatt Hinweise zum Tatbestand des Kryptoverwahrgeschäfts, März 2020 https://www.bafin.de/SharedDocs/Veroeffentlichungen/DE/Merkblatt/mb_200302_kryptoverwahrgeschaeft.html Zuletzt abgerufen am 03.03.2020.
3. BaFin, Merkblatt ICOs, August 2019 https://www.bafin.de/SharedDocs/Downloads/DE/Merkblatt/WA/dl_wa_merkblatt_ICOs.html?nn=9021442. Zuletzt abgerufen am 03.03.2020.
4. BaFin, Merkblatt zu Prospekt- und Erlaubnispflichten, August 2019 https://www.bafin.de/SharedDocs/Veroeffentlichungen/DE/Meldung/2019/meldung_190816_Merkblatt_Prospektpflichten.html Zuletzt abgerufen am 03.03.2020.
5. BaFin Journal, Ausgabe Januar 2016 https://www.bafin.de/SharedDocs/Downloads/DE/BaFinJournal/2016/bj_1601.html Zuletzt abgerufen am 03.03.2020.
6. BaFin, Veröffentlichung vom 04.12.2019, BaFin nimmt Interessenbekundungen https://www.bafin.de/DE/Aufsicht/BankenFinanzdienstleister/Zulassung/Kryptoverwahrgeschaeft/kryptoverwahrgeschaeft_artikel.html?nn=9021442 Zuletzt abgerufen am 03.03.2020.
7. Bauer/Glos „Die zweite Zahlungsdiensterichtlinie – Regulatorische Antwort auf Innovation im Zahlungsverkehr", Der Betrieb (DB), 2016, 456 – 462.
8. Beck/König, „Bitcoins als Gegenstand von sekundären Leistungspflichten", Archiv für die civilistische Praxis (AcP) 2015, 655–682.
9. BT.-Drucksache 19/13827, Regierungsentwurf zur Umsetzung der Änderungsrichtlinie zur Vierten EU-Geldwäscherichtlinie, Oktober 2019 https://dip21.bundestag.de/dip21/btd/19/138/1913827.pdf Zuletzt abgerufen am 03.03.2020.
10. Drucksache 19/15163, Beschlussempfehlung des Finanzausschusses (7. Ausschuss) zu dem Regierungsentwurf zur Umsetzung der Änderungsrichtlinie zur vierten Geldwäscherichtlinie, November 2019 http://dip21.bundestag.de/dip21/btd/19/151/1915163.pdf. Zuletzt abgerufen am 03.03.2020.
11. BT.- Drucksache 19/15196, Bericht des Finanzausschusses (7. Ausschuss) zu dem Regierungsentwurf zur Umsetzung der Änderungsrichtlinic zur vierten

© Springer Fachmedien Wiesbaden GmbH, ein Teil von Springer Nature 2020   43
A. Izzo-Wagner und L. M. Siering, *Kryptowährungen und geldwäscherechtliche Regulierung,* essentials, https://doi.org/10.1007/978-3-658-29981-1

Geldwäscherichtlinie,   November   2019   http://dip21.bundestag.de/dip21/ btd/19/151/1915196.pdf Zuletzt abgerufen am 03.03.2020.

12. Bundesgesetzblatt, Jahrgang 2011 Teil I Nr. 70, S. 2959ff.

13. Europäische Kommission, Consultation Document On an EU framework for markets in Crypto Assets, Dezember 2019 https://ec.europa.eu/info/sites/info/files/business_ economy_euro/banking_and_finance/documents/2019-crypto-assets-consultation-document_en.pdf Zuletzt abgerufen am 03.03.2020.

14. Europäische Kommission, Strengthened EU rules to prevent money laundering and terrorism financing, Juli 2018 http://ec.europa.eu/newsroom/just/document. cfm?action=display&doc_id=48935 Zuletzt abgerufen am 03.03.2020.

15. Europäisches Parlament, „Virtual Currences: Challenges Following their introduction", März 2016 https://www.europarl.europa.eu/thinktank/en/document. html?reference=EPRS_BRI(2016)579110 Zuletzt abgerufen am 03.03.2020.

16. Ekkenga, „Bitcoin und andere Digitalwährungen – Spielzeug für Spekulanten oder Systemveränderungen durch Privatisierung der Zahlungssysteme?", Computer und Recht (CR) 2017, 762–768.

17. Fromberger/Haffke/Zimmermann, „Kryptowerte und Geldwäsche", Zeitschrift für Bank- und Kapitalmarktrecht (BKR) 2019, 377–386.

18. Financial Stability Board „Crypto-asset markets: Potential channels for future financial stability implications", Oktober 2018. https://www.fsb.org/wp-content/ uploads/P101018.pdf Zuletzt abgerufen am 03.03.2020.

19. Godschalk, Ist Libra E-Geld? Payment, Technology & Law, August 2019 abrufbar: https://paytechlaw.com/ist-libra-e-geld/. Zuletzt abgerufen am 03.03.2020.

20. Grzywotz/Köhler/Rückert, Cybercrime mit Bitcoins – Straftaten mit virtuellen Währungen, deren Verfolgung und Prävention, Strafverteidiger (StV) 2016, 753–759.

21. Hildner, „Bitcoins auf dem Vormarsch: Schaffung eines regulatorischen Level Playing Fields?", Zeitschrift für Bank- und Kapitalmarktrecht (BKR) 2016, 485–495.

22. Hillebrand/Hötzel, Kryptotoken kommen in der Rechtsprechung an, Private Equity Magazin, Februar 2019 https://www.pe-magazin.de/kryptotoken-kommen-in-der-rechtsprechung-an/. Zuletzt abgerufen am 03.03.2020.

23. Lochmaier, „Bitcoins: Zwischen Spekulationsblase und Hype", Die Bank: Zeitschrift für Bankpolitik und Praxis 2014, 64–67.

24. Müller, Kryptowerte und Kryptoverwahrung: Hauruck-Regulierung im nationalen Alleingang – Streit vorprogrammiert, August 2019 https://www.it-finanzmagazin.de/ kryptowerte-kryptoverwahrung-hauruck-regulierung-nationaler-alleingang-93035/ Zuletzt abgerufen am 03.03.2020.

25. Vorschlag der EU Kommission zur Änderung der 4. Geldwäscherichtlinie; COM (2016) 450 final 2016/0208 (COD), Juli 2016 https://ec.europa.eu/transparency/ regdoc/rep/1/2016/DE/1-2016-450-DE-F1-1.PDF Zuletzt abgerufen am 03.03.2020.

26. EBA, Warning to consumers on virtual currencies, EBA/WRG/2013/01, Dezember 2013   https://eba.europa.eu/sites/default/documents/files/documents/10180/598344/ b99b0dd0-f253-47ee-82a5-c547e408948c/EBA%20Warning%20on%20Virtual%20 Currencies.pdf Zuletzt abgerufen am 03.03.2020.

27. Langenbucher, Colloque / German-French Symposium on Company Law and Capital Markets Law;RTDF Nr. 2/3-2018, 40 – 75.

28. Maume/Fromberger, Regulation of Initial Coin Offerings: Reconciling U.S. and E.U. Securities Laws; Chicago Journal of International Law, 2019, Volume 19 Nr. 2, 548–558.
29. Omlor, „Die zweite Zahlungsdiensterichtlinie: Revolution oder Evolution im Bankvertragsrecht?", Zeitschrift für Wirtschaftsrecht (ZIP) 2016, 558 – 564.
30. Omlor, „Kryptowährungen im Geldrecht", Zeitschrift für das Gesamte Handels- und Wirtschaftsrecht (ZHR) 2019, 294–345.
31. Rohm, Verschiedene Typen von Kryptowährungen, Februar 2018 https://www.blockchaincenter.net/klassifizierung-von-kryptowaehrungen/ Zuletzt abgerufen am 03.03.2020.
32. Rosenberger, „Bitcoin und Blockchain", 2018, SpringerVerlag.
33. Rückert, „Vermögensabschöpfung und Sicherstellung bei Bitcoins", Zeitschrift für IT-Recht (MMR) 2016, 295–300.
34. Small, „Bitcoin: The Napster of Currency", Houston Journal of International Law, 2015, 585–640.
35. Schlund/Pongratz: Distributed-Ledger-Technologie und Kryptowährungen – eine rechtliche Betrachtung, Deutsches Steuerrecht (DStR) 2018, 598–605.
36. Spindler/Bille, „Rechtsprobleme von Bitcoins als virtuelle Währung", Zeitschrift für Wirtschaftsrecht (WM) 2014, 1357–1369.
37. Sprengnether/Wächter, „Bitcoins: Risiken, Recht und Regulierung", Zeitschrift für Bankpolitik und Praxis (Die Bank) 2014, 60–63.
38. Terlau „Die zweite Zahlungsdienstrichtlinie – zwischen technischer Innovation und Ausdehnung des Aufsichtsrechts", Zeitschrift für Bankrecht und Bankwirtschaft (ZBB) 2016, 122–137.
39. Vandezande, „Virtual currencies under EU anti-money laundering law", Computer Law & Security Review 2017, Volume 33, Iss. 3, 341–353.